U0916397

精准零售

罗晨◎著

ACCURATE RETAIL

Important Future Retail Trends

中国纺织出版社有限公司
国家一级出版社
全国百佳图书出版单位

内 容 提 要

本书以科技变革对零售业发展产生的巨大影响为背景，深入浅出地阐述了零售业从业者的当务之急，即零售业痛点问题的解决之道。本书从科技赋能和AI加持两个维度介绍了新技术对零售业发展格局的影响，以及精准零售的必要性，依据标靶原理形象生动地介绍了精准零售的内涵和主要形式，在充分研究的基础上，进一步探讨了新市场经济环境下新零售业未来的商业模式，对新零售的运营模式、运营规则及实践操作等方面的研究起到了推进作用，对新零售业者的从业实践具有一定的指导作用。

图书在版编目（CIP）数据

精准零售 / 罗晨著. -- 北京：中国纺织出版社有限公司，2020. 3

ISBN 978-7-5180-7112-8

Ⅰ. ①精… Ⅱ. ①罗… Ⅲ. ①零售业－商业经营 Ⅳ. ① F713.32

中国版本图书馆 CIP 数据核字（2020）第 002515 号

策划编辑：史　岩　　责任校对：王蕙莹　　责任印制：储志伟

中国纺织出版社有限公司出版发行
地址：北京市朝阳区百子湾东里A407号楼　邮政编码：100124
销售电话：010—67004422　传真：010—87155801
http://www.c-textilep.com
中国纺织出版社天猫旗舰店
官方微博 http://weibo.com/2119887771
三河市宏盛印务有限公司印刷　各地新华书店经销
2020年3月第1版第1次印刷
开本：710×1000　1/16　印张：12.5
字数：238千字　定价：48.00元

目 录
CONTENTS

| 第二章　AI 加持：线下零售将掀变革 |

AI 技术已经成为零售业进行创新和变革的重要驱动力，目前在零售业态中的落地和应用越来越广泛。比如，AI 打造线下零售场景，助力零售业与制造业的产业融合，仓储领域实现自动化，消费渠道的 AI 创新，供应链的大范围跟踪与物流的便捷交付，线上线下的整合打通等。事实说明，AI 加持线下零售，不但可以大大提升消费者的购物体验，对线下实体店的发展来说，也是一种变革性的解放和开拓。

人工智能、大数据等新技术支持下的零售实践，能够及时、快速、准确地将产品与服务送达顾客手中。未来，零售的发展不仅仅是个性化的推荐，而是更进一步地缩短商品与消费者之间的距离，利用现代新技术手段不仅能实现精准推送，也能实现智能推送。在这样的形势和趋势下，零售商家只有把握精准零售的内涵，熟知精准零售的理论依据，快速精准地触及目标受众，采取卓有成效的运作方法，才能应对当下的挑战，走向更好的未来。

第四章　C2C：未来精准零售的重要形式

C2C电子商务是建立在互联网功能极大完善和互联网极大普及基础之上的个人对个人的电子商务模式，C2C的未来模式是未来互联网的技术和理念与C2C的技术和理念的结合体。从这一点上来看，C2C模式的技术和理念与精准零售的技术和理念不谋而合，且有异曲同工之效，同时也可看出C2C是未来精准零售的重要形式。本章从C2C模式入手，着重论述了C2C及精准零售的本质及其品类、场景、内容、竞争力等核心问题。

| 第五章　体验转介绍：未来商业的主流 |

客户体验是客户进行转介绍的关键所在，转介绍的关键在于社群中的社交，这种社交可以引发社群裂变。事实上，基于转介绍的社群裂变对商业的影响是广泛而深刻的，未来商业将是一个客户在体验后转介绍给多个客户，然后再由每个客户复次传播，去转介绍给更多个客户。体验转介绍造成的客户几何式增长，将对商业模式创新及实现精准零售产生重要影响，线上线下零售商通过转介绍做精准零售也将有创新玩法。

第六章 精准零售新业态：体验用户 + 企业 = 商业命运共同体

线上线下融合是最佳商业模式，不管是线上巨资投入线下，还是线下自建或利用网络平台物流，我们都能看到这样的趋势。线上渠道跨越时空的销售，更易于企业扩大规模；线下渠道便于将消费信息或直观、或通过媒介传递到消费者个人，体验后的客户其忠诚度提高了，赢得消费者的企业其美誉度提升了。这就是精准零售的新业态，即由体验用户和企业共同打造的商业命运共同体。

| 第七章　新一代新零售的风口：社交电商 |

社交电商是在人们更加在意产品社交属性这一消费需求的驱使下，在社群经济、自媒体等经济大热环境的催生下诞生的，而且发展得如火如荼。这种通过社交媒体来获取用户并互动，对产品进行展示和分享等，从而引导用户完成电商交易的模式，其本质是社交信任，具备得天独厚的优势，可以说是新一代新零售的风口。本章从社交圈层化的视角，对社交电商的运营模式、运营法则及操作进行了较深入的探讨。

| 第八章　新一代新零售商业模式：社群电商 |

社群电商是对传统电商和移动电商的一种深化延伸，是社群经济线上的重要表现形式。它抛弃了传统的粉丝管理方式，将每一个单独的粉丝通过社交网络工具进行了社群化改造，利用社会化媒体工具充分调动社群粉丝成员的活跃度和传播力。社群电商重在通过粉丝重构社群关系，因此，对于社群电商经营者来说，必须具备一定的能力，并且要把握住用户、内容、产品等运营关键点。

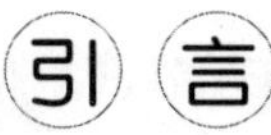

引言

精准零售是未来零售的重要趋势

中国的零售业正在进入一个崭新的时代，人工智能、大数据、物联网等新科技的融入，以及随之出现的无人超市、开放货架、智能仓储等新零售业态，预示着零售业无比广阔的发展前景。未来的零售业，将是商品系统的智能化，供应链系统的数字化，以及物流系统的进一步优化，而支撑零售业未来的，则是经营理念和新技术手段。事实上，我们无论是从理念上还是从技术上来分析，精准零售与未来零售都高度契合。

现代零售业的经营理念是用新技术手段去做零售业，从本质上改变我们传统的零售方式，重新建造一个由信息系统支撑和控制的高效运转的零售模式。正所谓“思路决定出路”，将这个理念落实到行动中，就是通过技术手段打破线上线下相互“撕裂”的瓶颈，形成线上线下相结合的一体化，以全面覆盖消费决策路径，从而实现数字化和智能化变革。

所谓精准零售，就是利用人工智能、大数据、物联网等先进的现代技术手段，在合适的时间、合适的地点，把合适的商品和服务及时、快速、精准地交到合适的消费者手上。从这个简单的描述就可以看出，精准零售充分体现了现代零售业的经营理念和业务方式。

精准零售既是一种零售方式，也是一种经营理念。之所以说它是一种零售方式，是因为它通过科技赋能、AI 加持，能够建立标靶，射中靶心，从而可以准确把握和挖掘消费者的需求，并有针对性地将产品和服务及时、快速、精准地送达消费者；之所以说它是一种经营理念，是因为它用一种系统化的方式，将整个零售环节进行优化、形成系统，并进行系统控制，从而极大地改善了原有的零售方式。

精准，是“精准零售”的核心所在。基于人工智能、大数据、物联网等现代新技术的应用，精准零售将使产品和服务自己去找到属于它们的消费者。这不仅是个性化的推荐，而且更进一步地缩短了产品与消费者之间的距离。这个意义是非凡的，它重构了传统零售的“人货场”，实现了从难以满足个人需求的“大众市场”到灵活达成个性化需求的“人人市场”的跨越。这就是说，未来的零售一定会越来越精准，达成“成本、效率、体验”的最佳，否则一定会被行业所淘汰。

精准零售，未来零售的重要趋势！

第一章 科技赋能：精准零售时代已来

随着科技的快速发展，零售行业迎来了前所未有的变革浪潮，线上线下零售模式加速融合，科学技术不断落地，创造了无人零售、线下场景、智能零售、信息找人、视觉技术等新场景，为零售业痛点问题带来新的解决之道。新技术、新模式不仅提升了人们的购物体验，而且使企业的产品和服务更能满足消费者的需要，从而让销售行为更加精准。以新技术武装下的精准零售时代已经到来。

第一节
科技赋能零售，无人零售获得新发展

无人零售是一种新的零售模式，它通过运用大数据、人工智能（AI）等先进技术手段对商品的生产、流通与销售过程进行升级改造，并对线上服务、线下体验以及现代物流进行深度融合。现实中，无人便利店、无人货架等这些通过互联网场景的深挖、大数据模型的构建、线上线下一体化的零售生意，无不彰显出科技的力量，使无人零售获得了新发展。

1.“无人”概念是很多人放不下的“心头肉”

在这里，我们不妨先来简单回顾一下无人零售店铺的发展史：

“无人”模式来自于亚马逊的 Amazon Go 无人零售店。亚马逊一直酝酿开设线下零售店，2016 年 12 月 5 日，亚马逊宣布推出了线下实体商店 Amazon Go。这间开设在西雅图第七大街 2131 号、占地大约 167 平方米的线下无人零售店，于 2018 年 1 月 22 日向公众开放。顾客只需下载 Amazon Go 的 APP，在商店入口扫码成功后，便可进入商店开始购物。Amazon Go 的传感器会计算顾客有效的购物行为，并在顾客离开商店后，自动根据顾客的消费情况在亚马逊账户上结账收费。

由于 Amazon Go 无人零售店很好地解决了人力成本的问题，因而给亚马逊带来了极大的收益，同时智慧物流等的应用，也使得亚马逊在配送及仓储人力成本上取得了领先行业的优势。在亚马逊推出“无人店”的概念店宣传片之后，中国也开始出现了无人零售店铺，2017 年开始，阿里巴巴（以下简称阿里）无人超市淘咖啡、缤果盒子等红遍线上线下。此后，EATBOX、甘来智能微超、怪兽等无人便利店也获得融资进行投放试水。现在，由于很多企业都在尝试“无人零售”模式，从超市、实体店到外卖等，越来越多的企业投身于无人零售大潮，无人店已在全国许多城市铺开。

在当下，“无人”概念之所以还是很多人放不下的“心头肉”，主要是因为经过实践的检验，“无人”模式能够解决当下零售业的诸多问题和痛点，从而节省人力、时间、管理等成本，提高效率。

传统零售有诸多问题和痛点，其高昂的运营成本是难中之难、痛中之痛，诸如场地费、运输费，还有商超里的营业员、收银员以及由此而衍生出来的管理人员等，这是构成零售商店运营成本的主要部分。节省不必要的运营成本，提升运营效率，是破解当下这些线下商超发展难题的最主要的方式和方法，而“无人零售”则是很多传统线下商超都愿意尝试的方向，其中的无人超市是最主要形式。

无人超市里面没有收银员、导购，消费者购物完全都是靠自己，一方面方便了自己选择产品，另一方面也不用被人注视。无人超市的支付方式极其简单，既可以手机支付，也可以直接刷脸支付。无人超市的补货方式不需要人力来计算，只要通过后台的计算机对数据信息进行分析，便可以知道缺什么货物。无人超市减少了人力成本，也降低了产品单价。

现实中有很多无人超市的成功例子，展现了传统线下商超的未来方向。苏猫无人智能超市就是其一。

与传统便利店相比，苏猫无人智能超市给人们带来四个方面的便利：第一，超市里减少了售货员、收银员，消费者自己想买什么都可以随意挑选，并可以手机支付，减少了等待成本；第二，传统超市都需要好几个员工轮班倒，而无人超市一人至少可以管理10家店，大大减少了人工成本；第三，无人自助超市只需一个供货源，一个人可以管理好几家店，并能实时掌握每月的销量、流水及净利润，再也不用像以前那样记账了，省时、省力、省心；第四，在场景布置方面，无人零售商店除了在人口流动密度较大的商区可见之外，住宅区、景区、办公区、学校等地也可以见到。

在满足消费者众多不同需求的同时，苏猫无人智能超市也在不断获得消费者的认可和喜爱，而口碑好了就能吸引更多的消费投资者关注，自然也能带来更丰厚的回报。

2. 云端系统记录和指导货品销售情况

如果说"无人"模式深化了传统零售的原有玩法，那么作为信息化工具的云端系统将使零售变得更智慧。事实上，自阿里云计算操作系统开启中国云时代之后，零售业一直是阿里云实践付诸的重要领域，国内越来越多的零售企业也都受益于云端系统。云端系统带来的信息化浪潮无疑将惠及零售业，零售企业希望能够借助云端产品和服务的导入，促进自身的生产力发展，确立企业在未来市场竞争中的优势地位。未来，零售业将配合云端系统来记录货品销售情况，从而指导补货、理货的环节。

在数字化、信息化时代，没有技术便没有未来。零售业对于云端系统的掌握和运用，不仅要理解和体悟云思维，也需要建立更完善的用户标签和匹配机制。

云思维是互联网时代的一种思维模式，它能够帮助零售业走出一条与时俱进、创新发展的道路。云端系统的精神本质高度体现了互联网精神，即开放、共享、协作、共赢的精神。零售企业理解和体悟云思维，就是要在运用云端系统的时候具备这样的精神。换句话说，零售企业在发展过程中不断提出的管理诉求，都需要体现在未来基于云端的信息系统之中，而所需的云端系统解决方案不仅要实现技术架构突破，也必须传承与发展零售自身的业务积累、管理沉淀，有所创新，有所扬弃，实现零售管理能力的迭代式飞跃和升华。

建立更完善的用户标签和匹配机制，可以说是零售企业以云思维为指导，将云端系统落地实施，实现精准零售的必不可少的方案。

数据是建立用户标签并实现精准匹配推送必须用到的，这就需要运营人员运用数据收集和分析能力来精准分析用户的各种购买习惯，进而筛选出目标用户，然后通过匹配机制实现定向推送活动。目前，建立用户标签和匹配机制已经有了成熟的商业应用，比如淘宝的千人千面、美团外卖的智能推荐、腾讯的社交广告等。

以千人千面为例，它是淘宝搜索排名的一种算法，即系统根据顾客的特征和需求，在页面为每个人提供个性化的宝贝展示，每个人看到的商品都是自己喜欢的宝贝。这实际上就是云端系统的应用。淘宝目前所有的免费流量基本都按照千人千面来进行分流，也就是将买家之前所有的浏览轨迹、购物内容和习惯都进行打标，然后根据这些历史习惯来分配流量。

第二节 让数据为线下场景打开一个新的数据入口

线下零售实体店是天然的客流集散地，构成了众多的消费场景，而这些零售场景中蕴含着远大于线上场景的信息和数据量。对此，线下经营者要做的事情就是充分挖掘顾客需求，进行有针对性的精准推送，让数据为线下场景打开一个新的数据入口，从而实现精准零售。

1. 数据的最直观表现是服务

实体店数据的最直观表现是服务，因为数据可以帮助线下零售运营者了解顾客需要什么，想要什么，从而能够针对顾客的需求来进行产品推送，更好地促进商品的销售，同时也能为顾客提供可能购买的其他产品，扩大销售额。这些无疑都属于“精准零售”的范畴。事实上，如果零售业使用了大数据，那么就能够更好地为人们服务，让大家的生活更加方便。

就一家实体店铺而言，每天都有什么人在店外经过？进店的顾客是老客户还是新客户？他们有什么喜好？他们是受什么吸引进店来的？他们有没有明确的需要，在店内看过什么，又买了什么？店员如何知道要不要推荐什么产品给这位顾客？即使顾客没有当场购买这件产品，那有没有可能用其他方式重新唤起顾客的需求？这些一直以来都是实体店铺梦寐以求想要解决的问题，也是精准零售需要解决的问题。

零售企业实体店具有网点多、商品多、顾客多、接触点多等特征，因而同样对大数据的应用有需求。现在有很多实体店铺对顾客信息的收集还停留在店员的印象当中，而有些实体店铺通过视频、智能手机的 WiFi 信号跟踪顾客，获取用户性别、店内各区域花费的时间、购买之前看过的商品等信息，有的比较优秀或资格较老的店员能熟悉常来购物的顾客，对于顾客的喜好可以说尽数掌握。

下面来看看优衣库运用数据技术深耕用户需求的案例：

优衣库认为，顾客所追求的是他们尚未见过的商品或尚未体验的服务，技术和数据只是外在，优质的产品和用户体验才是内核。因此，优衣库始终坚持“服适人生”的理念，即数据和技术都要服务于人的理念。正是在这一理念指导下，优衣库不仅在产品上进行不断创新，还进行了相应的管理变革。比如，设计一款服装要考虑创意、搭配和购买三个维度，这三个维度需要横跨多个部门，部门之间要进行协调，并进行整合工作。如果部门意见分歧，各部门则都以“更好地提升顾客体验”为衡量标准。在这一标准的指引下，优衣库跨区域、跨部门合作的灵活性大大增加，“部门主义”的现象也大大减少了。

2. 充分利用线下零售场景中大量的信息和数据

在线下零售场景中，服务器、工厂设备、顾客持有的设备、手机信号发射塔、电网基础设施，乃至产品日志，这些都是能产生有价值数据的资产。零售商要让数据为线下场景打开新入口，唯一的途径就是将这些资产中隐藏的信息和数据充分利用起来，通过了解顾客购物历程及行为，让店内体验个性化，提升顾客转化率，并对运营情况进行数据分析，以此来真正实现精准零售。下面就这几个方面来做一简单阐释。

对顾客购物历程的数据分析：顾客体验的质量直接影响到销售额与顾客保留率，这就需要从数据中获取洞见，助你理解每一位顾客的购物历程。为此，零售商可以分析线下零售场景中大量的信息和数据，比如，顾客在购物历程中的每一步究竟发生了什么？你的高价值顾客有哪些？高价值顾客有什么样的行为方式？与这些高价值顾客做互动的最佳方式是什么？时机是什么时候？等等。这样的分析，有助于揭示出你未曾预料到的模式，甚至由此可以带来传统分析手段无法企及的结果。

对顾客行为的数据分析：现在的顾客已经有多个与企业互动的交互点，诸如移动设备、社交媒体、门店、电子商务网站等。这些交互点中蕴藏着大量的信息和数据，而一旦这些信息和数据得到汇总与分析，你将了解到谁是最有价值的顾客？是什么动力促进他们消费更多商品？他们的行为模式是怎样的？与他们互动的最佳方式是什么？时机是什么时候？这些分析后得到的洞见，将有助于你更多获客，还能提升他们的忠诚度。

店内体验个性化的实现：现在的顾客一般会先去实体店对商品了解一番，然后回家去网购。如果全渠道零售商能够通过分析 POS 机系统和店内传感器等的数据，来测试与量化销售策略对客户行为和销售产生的影响，依据大数据分析结果对店内体验进行个性化定制，并及时采取行动，就能够有效促使顾客在线下场景中完成购买。

提升顾客转化率：零售商应该保存顾客的购物记录、个人资料及其在社交媒体网站上的行为等信息，而对这些信息加以分析，通常会有意想不到的收获。比如，一家零售商的多名高价值顾客都“喜欢”在电视上观看美食频道，而且经常在有机食品店内购物。根据这种情况，零售商就可以在与烹饪相关的电视节目中及有机食品店内，投放有针对性的广告。如此一来，这家零售商的顾客转化率就有可能大幅提升。

对运营情况进行数据分析：使用数据技术来提升运营效率的关键，是去发现、分析和利用隐藏在日志、传感器和机器等设备中的数据，这些数据反映了有关行业趋势、模式和异常情况等方面的信息，零售商可以基于此来改进决策，改善运营。

总之，在线下零售场景中有许多能产生有价值数据的资产，零售商如果能够充分利用这些资产中的数据，不仅可以获取宝贵的商业洞见并做出相应的决策，更有助于维持自己的竞争优势。可以说，零售实体店是大数据应用的新疆域！

第三节
精准零售的重要方式是“人工智能+线下零售”

零售业的实质在于，商家通过获取、分析、应用顾客的需求信息，达到降低时间和成本，提高效率的目的；顾客的消费需求能够更精准地被满足。而人工智能只有从零售行业的本质入手，才能解决行业痛点，实现精准零售。这一观点可以用公式表示：人工智能+线下零售=精准零售。

1. 精准零售是人工智能赋能线下零售的重要体现

现实中，线下的消费场景是我们每天都会遇见的，这些场景正在被人工智能等新技术逐步改造。先来看下面几个典型案例：

海底捞的智慧餐厅对顾客点餐后的配菜、出菜、上菜环节都进行了人工智能化改造，一改往日传统人工服务状态。其五大黑科技一个比一个亮眼：顾客在影院级超大屏幕等位区可以边玩游戏边等位；机械臂自动入菜、上菜；为顾客呈上一场视觉、味觉、嗅觉、听觉的全感式火锅盛宴；后厨的 IKMS（即智慧总厨大脑，是一种知识管理系统，英文是 Insight Knowledge Management Systems，简写为 IKMS）实现自动化生产；千人千味配锅机可以私人订制专属锅底。

著名户外运动品牌骆驼的新零售店 Camel Jeans 采用了许多人工智能新技术："试衣魔镜"可以智能拍摄 3D 视频，可以同时选取多款衣服进行试穿并反馈不同的穿搭效果；"AI 交互屏"能自动识别商品并展现天猫旗舰店的价格、用户体验评价等；站在云货架大屏上浏览产品，能快速、方便地购买到心仪产品，并支持线上一键购买、线下自提的操作。

美妆类的到店试妆体验有着更苛刻的购物要求，而屈臣氏主打的"未来商店"运用人工智能新技术给人以人性化"关怀"："智能 BA"机器人可以进行"日常寒暄"，并针对性地进行解说产品；"美妆魔镜"可以带来超复杂的试妆体验，其 3D 动态试妆，口红、眼影、腮红、眉毛、睫毛等产品试色瞬间搞定；智能货架上的产品会显示商品详情，价格、热点评论、新鲜的潮流咨询等，可以面面俱到。

京城首家无人智慧书店整合了自助结算系统、全智能商品识别、远程客服协助、动作识别防盗系统、人脸识别等创新技术，实现二十四小时运营。店内的智能机器人可以与顾客进行语音交流，进行商品检索和自助结账，并且，还能捕捉顾客在店里的行动轨迹，根据顾客以往的购买记录做精准的购物推荐。除此之外，这家无人智慧书店还设有 8 个监控和 2 台精准到克重的地秤，对进入店内的顾客进行实时采集，根据进出店顾客的人体体重变化，分析判断交易状态，以减少失误带来的购物尴尬。该店还与线上平台打通，实现了线上与线下的互通销售，解决顾客的购书烦恼。

上述这些传统零售店铺纷纷加码智能高科技，通过精准把握顾客需要并及时推送有针对性的产品和服务，实现了精准零售。毫无疑问，在人工智能赋能线下零售的过程中，精准零售是需要关注的重要方向。

2. 人工智能赋能线下，开启无界零售新纪元

传统零售业有三大痛点：零售数据无法融合线下和线上；实体商店和电商场景无法贯通；交易无法同步。无界零售可以有效解决这三大痛点。无界零售是以多方包容、多方合作，面向商家、面向消费者的服务平台体系，通过人工智能新技术来打通线上线下消费场景，重塑以“人”为中心的线下消费体验和营销场景。很多现实的例子表明，在人工智能新技术的驱动下，线下零售正在开创无界零售新纪元。

无界零售的底层逻辑是打通线上线下。如何理解这个底层逻辑？其实，无界零售改变的不是零售本身，而是零售的基础设施。而打通线上线下就是要运用人工智能新技术改变零售的基础设施，使其变得

极其可塑化、智能化和协同化，实现成本、效率、体验的升级。北京京东世纪贸易有限公司（以下简称京东）以“无界零售”的战略思维为指引进行了积极的探索，可谓这方面的一个典型。

京东 AI 与香港冯氏零售集团共同打造的人工智能结算台，具备多商品、任意角度、一次性识别等特点。该产品应用门槛非常低，具备大规模应用的基础。其使用流程也非常便捷，只需三步即可完成结算：第一步，用户将选取的多件商品同时放置于智能结算台上；第二步，点击人工智能识别按钮，即可识别出商品和对应的价格；第三步，在中国香港地区使用八达通直接完成付款，即可取走商品。除智能结算系统外，两家公司还在更多的零售场景中探索多样化的智能服务，比如智能显示屏。智能显示屏是线下门店精细化运营的利器，可以为顾客实现个性化商品的精准化推荐。智能显示屏利用京东 AI 领先的人脸属性识别技术，可精准识别出用户人脸的年龄、性别、表情等信息，并依据这些信息主动为用户提供商品推荐，还可获得店内专属优惠。智能显示屏也能记录并深入分析消费者的购物喜好，实现用户服务的定制化。

在这个打破需求边界的时代，所有的资源都将围绕用户与产品发生互动的场景进行重新匹配，通过切入新的场景进而挖掘市场空间。无界零售，正让京东从原来提供零售产品的角色中抽身而出，变为零售基础设施的提供者，既服务终端的消费者，也服务上游的合作伙伴。事实上，京东 AI 与冯氏零售集团的合作，不仅会带来商业运营成本降低、效率和用户体验的提升，探索出可行的智能化升级道路，更将加速 AI+ 零售的行业智能升级，为实体经济智能化升级带来积极的示范作用。

第四节

信息找人：人工智能时代的精准零售场景

精准零售的先决条件是“精准”，只有找准人，才能进行零售，实现成交。人工智能新技术可以帮助零售运营者找到目标客户，既能确定客户的空间位置，也能分析客户的购物行为和喜好。尤其是在线下场景中，客户信息会在智能手段下准确无误，这恰恰体现了精准零售的核心——在零售场景下实现“信息找人”。

1. 互联网时代“人找信息”，人工智能时代“信息找人”

网络是一种全新的信息媒介，任何人都可以借助搜索引擎获取期望得到的信息，所以互联网时代是“人找信息”，即人通过网络找信息。与互联网时代不同，人工智能时代是信息帮助我们找到要找的人，“信息找人”是人工智能时代的一大特点。

新闻信息流 APP 平台运营商每天都在做的事情就是选择与用户属性、定位相符合的内容，给用户推送感兴趣的内容。比如，今日头条 APP 每天会根据用户之前浏览的内容和浏览习惯，给用户推送其感兴趣的新闻。尤其是在人工智能时代，平台运营商依托人工智能新技术可以实现个性化的信息推送，让用户可以根据自己的需要找到相关信息。正是因为这样，所以现在的用户每天都可以在信息平台上看到运营商精准推送的且自己感兴趣的信息，而不需要去其他各个零散的新闻客户端找信息，因为平台运营商已经为所有用户找到了他们关心的信息并将其聚合在一起，进而进行推送。

具体到零售领域的应用层面，人工智能的“信息找人”就是用技术手段帮助商家多维度获取用户数据，让商家更加深入地了解顾客的需求。比如，用户画像、消费行为分析，通过在线下零售场景中布局摄像头等智能传感装置，商家从中获取全息的消费者画像，以及基于人群的客流分析。同时，智能摄像头也能捕捉并识别出顾客的消费行为及其细节动作。有了准确、可靠的用户画像，零售商家便可以清晰地掌握现有和潜在的顾客特征，并根据这些特征为需求不同的用户实现个性化推荐，如优惠券、打折信息的推送，或差别商品的推荐。再如会员识别，通过线上平台建立会员注册系统，或通过智能采集终端，商家可以为线下顾客进行身份信息登记和会员权限设置。当会员进行消费或二次到店的时候，智能零售系统便能快速地识别出来并提醒商家。

人工智能为线下零售场景中的精准零售提供强有力的技术支撑。在人工智能新技术精准推送信息的条件下，线下零售可以通过信息找到人，并进一步展开销售行为，最终实现精准零售。

接下来，我们一起来看看人工智能公司 Aibee 关于精准零售场景的技术。

2. Aibee 用技术打造精准零售场景

“信息找人”是一种很好的体验，其关键是商家对“人货场”的精准理解，这样才能打造出精准零售的场景。精准理解“人货场”的基础是在高维度中发现用户，所谓高维度发现用户，就是给更多维度甚至上百万维度的用户进行画像，因此针对用户画像需要研发非常高精度的推荐算法，这样才能够进行精准推荐，最终实现精准零售。在这方面，Aibee［爱笔（北京）智能科技有限公司］做出了积极的探索。“Aibee”寓意 AI2B，意在利用 AI 技术深度赋能传统行业，实现产业升级。

Aibee 从行业用户的痛点和核心价值出发，融合计算机视觉、语音识别、自然语言理解、大数据分析等多模态 AI 技术，提供完整的 AI 解决方案，切实帮助传统行业实现 AI 赋能升级。2019 年 4 月 10 日至 12 日，Aibee 在广州举行的第 14 届中国商业地产节上入选“2018—2019 年度商业地产数字化杰出服务商”，创始人兼 CEO 林元庆荣获“2018—2019 年度商业地产数字化领军人物”大奖。

Aibee 通过对线下场景的深入分析，将精准零售的场景分为快餐连锁、连锁精品店、购物中心三个层次。以购物中心为例，针对目前购物中心的数据架构尤其是线上线下连接非常薄弱的问题，Aibee 将“人货场”等数据全面数字化。Aibee 将购物中心精准零售的关键归结为对“人货场”的全面理解：全面顾客识别、全量货品识别、全场馆覆盖。Aibee 做的是非常全面的顾客识别，对产品做全链货品的管控，所有的 SKU（库存量单位，即库存进出计量的基本单元，可以是以件、盒、托盘等为单位）都可以自动识别，做到全场景覆盖。正是基于这种对“人货场”的“精准”理解，Aibee 通过线下全面数字化实现了精准零售。

值得一提的是，Aibee 还于近期发布了三款人工智能整体解决方案，分别是 AI-BeeMall、AI-BeeTraffic 和 AI-BeeParking。其中，AI-BeeMall 是为购物中心提供的“人货场车”的全面数字化解决方案，为购物中心打造超大场景的全场景理解，输出经营决策等数据洞察，这在市场上尚属首例。AI-BeeTraffic 利用新一代人工智能技术，能够明确区分店员与顾客，对徘徊者也能精准识别，让线下零售行业首次获得“真实进店人次”数据，真正实现精准的客流统计。AI-BeeParking 可对车辆从入场到出场进行识别管理，对于顾客来说，只需在刷脸注册之后，就可以轻松实现“刷脸”反向寻车、实景断点导航等智慧化服务。对于打造线下精准零售场景来说，这三款人工智能整体解决方案无疑是大有帮助！

第五节 零售下一站：人工智能视觉技术替代方案

目前，数字化技术横扫各个领域，而在这之中，人工智能视觉技术在零售业的应用与创新方面表现得最为亮眼。无数事实表明，人工智能视觉技术是一个相对不错的替代方案，它正在成为继人脸识别之后科技赋能未来零售的下一站。

1. 人工智能视觉技术在零售业的应用

对于人工智能视觉技术，我们可以简单地理解为通过算法模型来给机器设备（相当于计算机）装上眼睛，就像我们人类一样可以理解图像，对图像数据可以进行识别和分类处理，让机器设备能够识别、感知周围的环境。那么，人工智能视觉技术在零售业的应用情况如何？

目前制约无人店铺售卖的难点主要有三个：一是如何识别客户和商品；二是如何判断商品被用户拿走是用于交易；三是如何识别用户购买的商品是什么，并完成支付流程。针对无人店铺的这些售卖难点，人工智能视觉技术恰恰可以解决问题，它可以进行人脸识别、物体识别及人的行为、动作识别等。

深兰科技（上海）有限公司（以下简称深兰科技）摒弃了 RFID、二维码、条形码等旧的技术软件，利用卷积神经网络（Convolutional Neural Networks，简写为 CNN，深度学习模型之一）、机器视觉等人工智能技术对传统零售进行智能化改造升级。一方面，他们用机器视觉技术来识别商品；另一方面，如果货架上的货品卖得差不多了，也可以及时补货。这种智能升级其效果立竿见影，在效率提高和成本降低上形成了很大优势。另外，他们的机器视觉也可以用来统计每天进入店里的顾客，比如人数、大致年龄、性别等；了解顾客对什么产品最感兴趣、停留了多长时间；根据以往的消费记录，将客户的照片等相关数据资料存储到云端，进行智能分析，当他们进入店里，系统会自动识别出来，以便进行针对性的用户交流，并实时推送相关折扣信息，这样对品牌提升和用户黏度增强都有很大的帮助。

以前的零售店靠店员去观察消费者的购物习惯，一方面，比较片面，没有完整的数据；另一方面，也不容易产生客观的效果。深兰科技的实践证明，如果用人工智能视觉设备去感知、去识别、去统计，同时进行大数据分析，就能大幅度提供企业运营的效率，并能创造定制化的精准零售场景。

总的来看，不管是成本上还是实际运营起来，人工智能视觉技术都是一个很好的替代方案。比如结账，你可以从货架上端来一盘面包放在那儿，系统会立刻进行自动识别，然后显示消费额，你按提示的消费额结账就可以了，这就很少牵扯到人工结账或者排队。不需要店员的人工结账，店员就可以更多地去跟客户介绍商品，也就是做其他服务的业务。

2. 人工智能视觉技术助力零售业创新

从技术角度讲，人工智能视觉技术的“视觉”精准度现在正在逐渐提高，其快速识别能力、物品建模能力，以及你拿了哪个商品、放了哪个商品，这项技术如果和人脸识别结合在一起就一定会越来越成熟。正因为如此，人工智能视觉技术在无人店之外还有很多可实现的场景，比如无人值守便利店、智能货柜等，这些都是零售业的创新。

缤果盒子自 2017 年成立以来就一直在跟进无人值守技术，在其打造的无人值守便利店内，每件商品上均贴有 RFID（无线射频技术）标签，用于结账收款。购物具体分为四个步骤：第一步，扫开门二维码，智能识别开门（使用微信扫码，首次需要绑定手机）；第二步，将商品放置到收银台检测区（需要整齐码放，不要堆叠或放倒商品）；第三步，扫一扫付款，专用二维码（支持支付宝、微信等在线支付方式）；第四步，取走付款商品，系统自动开门（需要在门口检测区稍等片刻，自动开门）。

为了打造无人值守的便利店，缤果盒子还申请并通过了多项实用新型专利，比如“一种应用于无人值守商店的商品退换系统”实用新型专利、“一种基于人体运动方向检测的无人值守商店门禁系统”实用新型专利等。实践中，这些专利切切实实为缤果盒子带来了一定的经济效益和社会效益。

针对成本高、效率低这个行业最大瓶颈，零售企业利用人工智能视觉技术手段开设无人便利店，事实证明都是很好的选择。这种便利店因为无人值守，所以会节约很多成本，也能提高效率。

关于人工智能视觉技术在无人店之外的创新，下面再来看两个智能货柜的创新案例。

京东到家 Go 是一个知名度很高的智能货柜，其以人工智能、大数据、生物识别、物联网等核心技术为基础，拥有人脸识别、重力感应、智能库存管理和智能广告牌等多种“黑科技”，使其在便捷性、场景应用、商品品类选择等方面领先于市场同类产品。用户在使用京东到家 Go 时，只需刷脸（或扫码）开门、选品取货、关门这三个步骤即可完成交易，货柜会自动识别用户购买的商品品类，并自动进行后续结算，使购物更为方便快捷。

YI Tunnel 是一家由来自北京的、以大量清华工程师为研发后盾的 AI 零售解决方案提供商，他们全球首发的智能货柜精准度高，用户在购买产品时体验也会更好。这个智能货柜主要借助纯视觉动态识别技术，既不需贴 RFID（射频识别）标签，也不需重力感应支持，就可识别标品和非标品，消费者可单手或双手一次拿取多件商品，在拿取商品后可将商品不放回原位，而且对于陈列位置没有限制，从而降低了运维成本，能容纳更多的商品数量。该产品的货柜摄像机能够实时采集商品数据（包括噪声数据），再通过商品识别技术，快速进行模型训练，达到高效更换商品 SKU 的目的。

智能货柜这种零售创新形式，经过一段时间的发展，目前又有了新的进展，这就是 3D 视觉技术的加入。整柜制造商小卖柜在 2018 年 12 月中旬发布的“极目系列动态视觉智能货柜”最先面世，被认为是 3D 动态视觉货柜爆发的前兆。阿里的新零售智能事业群自 2016 年的“双十一”起就对智能货柜立项了，2018 年年底正式开始了对 3D 动态智能货柜的探索。货柜运营商每日优鲜早在 2018 年 4 月前后也已经开始了对 3D 动态视觉方案的探索，目前已经在个别点位进行了试运营。这三大头部企业入场，零售行业无人不知，以至于有人认为 3D 动态视觉货柜是智能货柜这一创新成果所显现的终极形态，并认为 3D 视觉暗战智能货柜将引发 2019 年零售业大变局。

人工智能视觉技术助力零售业创新我们已经了解到甚至体验到了，而对这些创新将引发怎样的零售业变局，是好的更好、次的改良、坏的摒弃吗？倘若果真如此，我们特别期待！

第六节
未来零售速写：智能＋智慧＋融合

人工智能、云计算、大数据、物联网等一项项颠覆性新技术的出现，驱动着原有零售生态和格局的解构与重构。基于技术引发的零售业解构与重构大变革，我们完全可以这样速写未来零售：“智能＋智慧＋融合”。本节内容将围绕“智能”“智慧”“融合”这三个义项展开，并兼及描述未来零售的柔性化与定制化。

1. 未来零售更智能、更智慧，未来供应链更联结

未来的零售一定是更智能、更智慧，未来的供应链也一定是更联结，这是零售业整个行业的大趋势。为什么这么说呢？

人工智能影响着未来零售。说得更具体一点，声音识别、图像识别和数字化的人工智能算法，会对零售行业带来根本性的推动。面对未来零售智能化趋势，有头脑的零售企业正在以数据和智能技术为核心，努力实现着智能化变革。目前已经出现的智能冷柜、智能无人超市等形式（见前文所述），都将是未来零售更加智能的具体体现。

互联网和新技术将使未来零售变得更加智慧，互联网的流量、用

户和成本都将使未来零售更加智慧；而新技术就是物联网、大数据、人工智能等。在互联网和新技术这两大驱动力的作用下，未来零售将是针对线下场景及相关市场参与者，运用互联网、物联网技术来感知消费习惯、预测消费趋势、引导生产制造，优化商品、用户、支付三者之间的关系，为消费者提供多样化、个性化的产品和服务。其本质是为消费者提供更快、更好、更方便的购物体验。

供应链是未来商业的重要坐标，未来零售决胜于供应链。供应链是零售业服务体系的重要环节，未来供应链从上游最顶端到下游最底端的联结将更紧密、更便捷，将人和物之间的联结，物和人之间的联结打通成一个圈。只有完成联结，才能实现融合。因此，零售企业必须具备新技术接入零售行业的技术研发能力、商业网点开发能力，以及供应链打造能力。

总之，未来的零售、供应链等都会联结更紧密，而且更智能、更智慧、更便捷。

2. 未来零售更注重柔性化和定制化

在智能、智慧及供应链联结之外，柔性化和定制化也是未来零售发展的趋势。从零售角度看，未来商品将出现小众品牌和高性价比品牌，每个人都有各自特殊的需求，未来零售则会根据不同需求提供相应的商品。从根本上说，零售的核心点不在于技术的炫酷程度，而是对于消费者而言，是不是满足了需求、拿到了实惠。为此，未来零售将更加注重柔性化和定制化。

平台是实现柔性化零售的重要载体。早在2014年，我国就出现了以互联网数据来驱动生产制造的电商平台，其C2M模式直接将消费者与生产制造商联结到一起，为消费者整合优质制造商，推荐高品质产品。C2M模式是在我国消费者日益成熟，追求品牌背后性价比的趋势下，所提供的一种新型的供应关系及服务方式。未来，零售商会将大数据分析、云计算、供应链协调、智能仓储物流及互联网营销模式深度融合，从而打造出集订单提交、用户分析、设计打样、生产制造、物流交付为一体的零售渠道平台。

一对一的定制化零售是精准零售的关键所在，也是未来零售的一大趋势。零售趋向定制化主要基于以下两个方面的考量：

一方面，消费者需要定制，他们强烈喜好一对一定制，因此零售经营者必须为消费者提供定制化的产品和服务。事实上，零售的行业归类是服务业，这在任何时代都没有改变。我们知道，衡量服务质量的标准纵然有千万条，但总的来说就一条，即顾客满意。要让顾客满意，就必须满足顾客的需求，而满足顾客需求的唯一方法就是为顾客提供他们真正需要的产品和服务。作为服务业的一个重要领域，零售业的经营者必须以定制化的产品、定制化的服务来满足顾客需求。过去如此，现在如此，未来更是如此。

另一方面，硬件和软件技术带来的消费者身份全面数字化、商品信息数字化和零售场景智能化，为实现一对一定制提供了丰沃的土壤。软硬件技术为实现定制化零售提供了许多可以创新的方向，比如，零售商可以成为产品定制的平台，让消费者接入制造商的智能制造系统；可以运用概率销售（根据产品不同属性，如同款有不同颜色等，以较低价格以及随机发货的方式将选择权交给顾客）的方式向消费者提供价格定制服务；可以通过技术和运营优化渠道上的各个环节，诸如下单的时间、地点，以及交付定制商品等方式，逐步提高履单精准度，并进一步实现可修改。除了产品、服务、渠道可以定制外，促销传播方面的精准广告投放、一线人员与顾客所组成互动社群、流程方面的线上线下退换货及导购等，都将促使未来零售走向定制化。

第二章 AI加持：线下零售将掀变革

AI技术已经成为零售业进行创新和变革的重要驱动力，目前在零售业态中的落地和应用越来越广泛。比如，AI打造线下零售场景，助力零售业与制造业的产业融合，仓储领域实现自动化，消费渠道的AI创新，供应链的大范围跟踪与物流的便捷交付，线上线下的整合打通等。事实说明，AI加持线下零售，不但可以大大提升消费者的购物体验，对线下实体店的发展来说，也是一种变革性的解放和开拓。

第一节
人工智能的机会在线下零售

对于零售业而言，最需要了解的是消费者的消费行为，而人工智能完全具备预测消费行为的功能；而对于人工智能而言，线下零售场景则恰恰是最佳的实验场所。事实上，人工智能新技术已经创造了无数别具一格的线下零售场景，一些实体零售企业更是在特定场景下将人工智能整合进自己的业务中，以挖掘出新的销售机会，从而实现智能化升级。

1.AI 与线下场景结合将影响零售格局

随着我国人工智能产业的蓬勃发展，“人工智能＋传统行业”也处于上升期，零售业作为服务行业的重要窗口，借助人工智能技术，可以创造出新的消费体验。尤其是人工智能与线下零售场景结合，使零售的格局正在悄然发生着改变。

以购物中心停车场的智能停车和找车为例。以前，商场停车缴费服务都是采用中央收费或者出口收费这两种模式，中央收费需要顾客到固定的中央收费点去缴费，出口收费则要顾客进场取卡、出场交卡，还要逐一排队缴费，以致在高峰时段常常出现堵车现象。这不仅影响了车主停车体验，还影响了正常的商业运营和效率。现在，已经有解决方案来解决这个问题。例如：河南省许昌市胖东来时代广场、新田360广场等大型商场的地下停车场均已引入智能找车机，它显示的让人一目了然的路线图，非常方便，通过简单操作就可以找到车辆。当车主通过寻车查询机输入车牌号时，触摸屏接收指令后调取服务器的数据，并在屏幕上显示车主当前所在的停车场地图，地图上会标明车主所处位置和其车辆所停放的位置，并根据停车场总体路线，选择一条最佳取车路线，引导车主取车。在支持无感支付的停车场，用户出停车场时摄像头会自动识别车牌，然后自动从车主绑定的支付软件里扣取停车费。这个过程司机不需要做任何操作，包括掏手机。智能找车机可以帮助用户解决“快速停车、找车及缴费”的问题。

再如，商场对客流的统计。商场统计客流的最原始方法是靠人工方式来实现的，对进出商场的客流进行计数。后来虽然采用了一些技术，但还是产生一定程度上的误差。自从人脸识别技术出现以后，对客流的统计迈上了一个很大的台阶。人脸识别利用计算机视觉前沿技术，可以精准判断统计到店的客户数量。比如，安装在店外的摄像头和入口处的摄像头，就可以通过客流统计功能来准确统计店前区域客流与进店客流，从而掌握门店真实进店率。目前，已有很多商超接入了人脸识别技术进行客流统计。例如，厦门灵友信息科技有限公司推出的用于客流统计的灵眼AI数据采集器，不仅可以精准统计到店人流，还可以准确区分人数和人次，区分员工和顾客，又可以精准建立到店顾客的用户画像，如男女比例、年龄阶段、服装风格等，进一步为门店的营销决策提供数据支持，帮助门店运营人员准确把握顾客画像。同时，可以快速集中准确地了解门店的客流数据，从而为整个品牌和产品方案提供决策的依据。

又如，在仓储管理机器人领域，各种机器人竞相亮相。例如：位于苏州昆山的机器人仓库是一个大规模、全流程半无人仓，其功能包含入库、上架、拣选、出库、存储，可以为电商类客户提供全流程仓储物流服务。整个仓库共有四个分区，即高位存储区、上架拣选区以及两个“货到人”拣选区。高位货架区由智能叉车及人工叉车进行作业，共同组成一个自动存取系统。上架拣选区每个工位的拣选能力和拣选效率达到了每个工位每小时 750 件，是人工效率的 3 倍。机器人拣选区仓库共有两个机器人拣选区，均应用“货到人”拣选场景。

除了上述场景外，商场中的智能穿衣镜、智能购物车、自助支付机器人等也被广泛应用。与此同时，在有的线下场景中，消费者还可以通过全息投影、微表情分析、人工智能颜色搭配等技术，享受到商场提供的从设计装修到家具选择、居家服务等的一系列的智能化服务。这些人工智能手段彻底改变了传统零售的经营方式，不仅为实体零售商带来了新的增长，也深刻地影响着这个领域的整体格局。人工智能已经成为了实体零售商保持竞争优势的强有力武器。

2. 为什么 AI 要锁定线下零售这个场景

AI 之所以要锁定线下零售这个场景，这是因为线下零售场景作为 AI 技术的重要实验场所，它可以使 AI 行业自身在实践中不断获得发展；与此同时，AI 新技术也可以为线下零售经营者注入科技驱动力，帮助其实现转型升级。具体来说，可以从以下几个方面来验证 AI 在线下零售场景的应用。

第一，对于零售商来说，线下零售的交易场景非常之多，因而线下零售交易场景是AI技术的重点实践领域。AI技术可以帮助生产经营者实现降本增效，如AI客服替代传统客服，降低人力成本；可以帮助零售商改善消费体验，从而助力零售商精准营销，提供个性化推荐等；AI赋能货架管理与场景塑造，还能形成无人零售新业态等。随着线上线下结合的日益紧密，通过创造线上线下的消费场景，零售商不仅可以让消费者获得产品使用的知识，还能充分体验到获取产品的快乐，并且这种体验既可以来自商品本身，也可以延展到商品价值以外。

第二，线下零售体量之大、数据之多，对于AI技术研发来说都是非常重要的。我们知道，在线下零售场景中的服务器、工厂设备、产品日志，以及顾客持有的设备乃至手机信号发射塔、电网基础设施等，这些都是能产生数据价值的资产。这对于AI技术研发来说，其重要性不言而喻。AI技术研发者可以充分利用其中的各种数据给出切实可行的解决方案，让零售商更“懂”消费者，洞见商机，最终实现精准零售。

第三，AI技术能够有效解决线下零售业痛点。一直以来，门店缺客流、客流无转化、会员难互动是线下零售业的三大痛点，而AI技术能够有效解决这些痛点。以统计门店客流为例，针对线下消费者进店后的行为进行分析，AI技术可以帮助商家走一条门店数字化之路。比如，在门店里，顾客的数量、在门店货架之间浏览频率，以及顾客看商品所有的行为等都能被数字化下来，用来分析顾客喜好，并以此为依据做出相应的决策。

第四，AI技术适应初创公司的基础技术搭建，例如商品存检、人的识别、大规模数据分析、推荐系统等。其实，初创公司应用人工智能，用AI技术打造“小而美”的场景，这样做的效果或许更加明显。例如：深圳市祈飞科技有限公司人工智能技术融入果汁机操作中，让零售设备取代了原来的工业自动化设备，他们推出的果汁机器人创造了别具一格的销售场景，让消费者非常直观的看到榨汁过程，感觉特别可靠。这种“小而美”的场景说明，初创公司专注一个方向、一个领域进行重点突破，容易取得较好的效果。

总之，线下零售这个场景是AI技术的新高地，而零售商掌握AI技术这个场景的“金钥匙”，就能让线下零售实现精准零售。AI+线下零售不仅是风口，更是必然！

3. AI应用于零售的技术：图像识别、动作语义的识别、人脸识别

随着科学技术的发展，AI正成为未来零售的核心技术，AI+零售已经成为零售业的风向标。其中，图像识别、动作语义识别、人脸识别在零售领域的应用比较广泛，其应用的最终目的是提高效率、降低成本、提升消费体验。下面我们具体分析。

图像识别是基础，也是AI技术的一个重要领域。它以图像的主要特征为基础，对图像进行对象识别，以识别各种不同模式的目标和对象。具体来说，机器首先需要通过视觉学习，将人脸标注出来，也就是人脸检测；然后根据预定的算法，从正脸、侧脸、仰角、俯角等各种角度挑选出质量最高的照片，也就是质量判断；最后通过1：1比对及1：N比对来进行人脸识别。这项技术应用于零售领域，就是通过摄像头来识别商品和认识人群。识别商品后可以进行补货

和理货，认识人群可以做人群统计，确定人群属性，了解人群行为。现在的图像识别设备够做到 99% 的准确度，未来还会不断地超越这个数据。

什么是动作语义的识别？首先应该明确的是，动作的含义由操作语言来定义，操作语言也就是动作语言或称肢体语言，意思是动作所传递出的信息或讯号，反映了人的某种心理。比如，商家看到顾客拿起或放下一件商品，通过计算机的认识神经网络，就能够把顾客的这个动作运算出来，从而判断出顾客的购物意向，然后作出决策。目前很多企业都在围绕自然语言处理进行研发设计，有的产品也已经投入使用。例如：百度专门打造的 EtoE DuerOS 整体语音解决方案，它结合了百度最新的语音技术，包括麦克风阵列技术、声源定位技术、超低功耗 DSP 解决方案等，其 AI 语音语义一体化的技术在识别的同时可以进行语义分析。

人脸识别是一种依据人的面部特征自动进行身份识别的一种生物识别技术，又称为面像识别、人像识别、相貌识别、面孔识别、面部识别等，技术上包括图像采集、特征定位、身份确认和查找等。线下商家应用人脸识别技术有许多好处，比如，可以为重点客户画像，如通过安装在超市、商场、门店等入口处的设备，统计每天进入门店的人数、大致年龄和性别等；可以为零售商降本增益，比如，以人脸识别系统连接支付端来代替收银员等；可以完美连接线上线下，如将所得数据通过线上反馈给厂商，助力于厂商更全面地了解消费者的需求，进而精准地研发产品，设计营销策略等。

第二节

产业融合：AI 助力零售业与制造业相互参与

产业融合是当今国际产业发展的一大浪潮，零售业中出现了明显的产业融合现象，是实现精准零售的一大趋势，其中制造商涉足零售领域、零售商参与生产过程，这种上下游的融合最为常见。从零售业角度来说，精准零售客观要求零售商参与到制造商的生产过程中来，根据自己在零售一线所了解到的顾客需求，在参与生产制造的过程中根据顾客需求进行创新性定制，这样才能打通生产和市场各环节，实现真正的产业融合与精准零售。

1. AI 助力零售业与制造业的产业融合

零售业和制造业是两个关联度极高的行业，零售业的产品是制造业生产的，制造业需要零售业销售自己的产品，可见零售业的发展离不开制造业的发展，同样制造业的发展也离不开零售业。而当产业发展遭遇瓶颈时，二者开始在产业的边界处寻找竞争优势，进行产业融合，挖掘新的增长点。尤其是在《中国制造 2025》出台后的政策支持、市场环境许可、大数据优势等众多因素之下，多家零售企业和制造企业利用 AI 等新技术进行跨界布局，收到了显著成效。

在实体零售方面，在 2018 年中国家电行业年度报告中获得全渠道第一名的零售业“巨无霸”苏宁跨界制造业，其背后卓有成效的 AI 技术建设就是证明。在苏宁看来，AI 是第四次科技革命的起始点，会给零售业带来巨大的变革，为零售产业带来创新的机遇与动能。基于这一点，苏宁一直致力于与 AI 这样的前沿智慧科技进行融合，他们通过货物、消费者、门店零售这三个方向的不同的 AI 升级，形成了智慧零售业的先决形态。苏宁在 2018 年全年已经累计开设了各类智慧门店数量已达 1.1 万家，计划在 2019 年新开 1.5 万家新店。为了实现这一目标，苏宁将建设强大的中台系统，全面利用 AI 技术，着重打造采购、运营、服务、风控 4 个智能引擎，最终打造一个支撑智慧零售持续发展的大中台体系，即“智慧零售 CPU”，对内对外实现资源能力的充分共享、小团队灵活运作，减少对人的依赖，提供智能化、统一化的资源和风险管理，从而进一步强化能力输出、优化经营模式、提升服务质量。

当零售商在无人零售领域“跑马圈地”时，传统制造企业也在零售领域积极寻求转型之机。例如：美的洗碗机在天猫大数据的赋能下，设计增加了烘干、储存、智能化等用户大爱的功能，一举打破了多年未曾打开的局面；海尔依靠零售渠道反馈的数据，发现用户需求强烈的大容量洗衣机市场一片空白，便在行业率先推出 10 公斤大容量变频滚筒洗衣机，一经上市，被用户一抢而空；星星冷链推出的智能无人售货柜产品，将场景化作为切入点，从技术到产品再到服务，提供全场景支持，从而加快自己进军无人零售之路。由此可见，零售业也在驱动制造业进入中国品牌快车道！

从产业发展的角度来说，零售企业参与制造企业的业务，就会出现新型业态；而制造企业涉足零售业务，其服务化的比重将越来越大。未来，这种产业融合的景象值得期待！

2. 零售商参与智能制造，让品牌受益

品牌是企业的形象，品牌影响力决定企业生命力。而对于零售商来说，如果在参与生产制造的过程中借助人工智能新技术来打造自己的品牌，将是一条非常有效的路径。现实中，一些聪明的零售商开始使用人工智能新技术来生产产品，打造品牌。耐克就是一个例子。

作为著名的品牌零售商，耐克早在 2013 年就参与了制造业创业公司 Grabit 的 300 万美元的 A 轮投资。Grabit 公司使用电附着技术和机器学习技术开发的机器人，能够用静电来造鞋，目前耐克已经在几家制造工厂里部署了 Grabit 公司的机器人，使生产效率大大提高。以运动鞋鞋面的制作为例，运动鞋的鞋面部分是最耗费人力的，因为鞋面与人的脚面紧密贴合，为了保证穿着时候的舒适度，要求材料十分柔软。如果人工完成鞋面制作的整个过程的话，一般需要 10 ～ 20 分钟，以 8 小时工时计算，一个工人控制一个机器可以制造 300 ～ 600 双鞋。这些机器人只需 50 ～ 70 秒就能完成一个鞋面，工作人员的效率可以提升 20 倍。

耐克的实践证明，自动化将会改变服装制造业的传统表现，这无疑有助于企业塑造良好的自身品牌现象，增强企业的生命力。这种创新解决方案的出现，表明品牌零售商参与智能制造是一条可行之路。人工智能是品牌零售商打造品牌的有力推手。

第三节

智能仓储：AI 技术推动自动化进程

仓储领域有许多重复性的工作，如果应用 AI 技术进行创新，让我们的仓储设备也能“动脑子”，就可以实现“人工”与“智能”的结合。现实中，AI 技术在仓储领域已有很多人工智能的应用，比如仓储类机器人的应用，使仓储实现了自动化。尤其是其中的自动化立体仓库，也就是我们常说的“立库”，其输送、自动导引运输、机械臂等智能设备大面积代替了人类重复性的一些搬运工作，集中体现了 AI 技术对仓储自动化的推动作用。

1. AI 技术推动仓储领域自动化进程

自动化立体仓库是先进物流系统的重要组成部分，目前已成为了加快物流、降低成本、缩短生产周期、加速资金周转、提高经济效益等的重要手段。

先来看下面两个例子：

著名民营通信科技公司华为技术有限公司在东莞 SSH 工业园建有自动化立体仓库，实现了从原材料到自动立体仓库的集自动收货、质检、储存、分拣和发货为一体的配套系统，系统包括传输、物料分拣、货架、堆垛、输送等的设计、制作、运输、装卸、安装及调试验收交付、技术资料、验证文档、售后服务等全过程。该智能设备集光、机、电、信息于一体，展示了华为与时俱进的形象及现代化的物流管理能力。

信息系统整体解决方案供应商重庆七腾软件有限公司的智能自动化立体仓库采用人工智能+机器人技术来完成仓储管理，从入库、存储，到包装、分拣实现全流程、全系统智能化和无人化，提高仓库使用率和周转效率，改变了传统物流仓储模式，为企业提供自动化仓储控制管理，达到降本增效的目的。

自动化立体仓库又称自动存储取货系统，是物流仓储中出现的新概念，也是当前技术水平较高的形式。其主体由货架、巷道式堆垛起重机、入（出）库工作台和自动运进（出）及操作控制系统组成。通过该设备可以提高空间利用率、实现物料先进先出、智能作业账实时同步、满足货物对环境的要求、货物可追溯、节省人力资源成本、及时处理呆滞料等，从而实现仓库高层合理化、存取自动化、操作简便化。

事实上，仓储系统经历了人工仓储、机械化仓储、自动化仓储、集成化仓储、智能自动化仓储五个阶段。人工智能技术推动了自动化技术，闪烁着人工智能光芒的核心算法更是智能化自动仓库的“软实力”所在。随着今后人工智能技术的发展，“智能仓储”将是未来的发展方向，届时将由计算机代替人类实现自动制订存储计划，自动进行存取操作。

2. 仓储领域机器人与人类的深度合作

在仓储领域这样的非结构化环境中，仓储类机器人在拾取、挑选和处理物品方面的作用正在被体现出来。目前，很多企业在仓储方面广泛应用无人搬运车、机器人堆垛机、机器人自动化拣货系统等智能设备进行无人化物料搬运，实现了机器人与人类的深度合作。在这方面，重庆保税港区于 2019 年 1 月投入使用的自动化立体仓储就是一个很好的例子。

这座自动化立体仓储高达 9.4 米，有 4.7 万个库位的自动化立体仓储，库存周转率每天约 9 万卷，其功能包括机器人移栽物料、RFID 门禁读取数据、拆捡货物、智能摆放等。首先，AGV 机器人沿规定的导引路径行驶，将料箱进行启运，因其具备自动避障功能，在仓库中可自动完成各种货物的移载，效率是人工效率的 3 倍。其次，AGV 机器人将通过 RFID 门禁，RFID 又称无线射频识别，是一种通信技术，可通过无线电信号识别特定目标上装载的 RFID 芯片，并读写相关数据。这样工作人员就可远距离读取料箱信息，知道每个料箱里的料件种类、下游客户、存放位置等，实现货物信息“互联互通”。再次，当 AGV 机器人到达机器手附近后，机器手接受指令、精确定位，将货物进行拆垛、码垛及拣选，准确率达到 100%，将有效替代有害身体健康的复杂搬运工作。当料箱被放置在输送线上后，由其完成输送任务。最后，料箱将通过堆垛机智能摆放和取出，根据指令送往下游的生产工厂。堆垛机能非常有效提升仓库空间利用率，与传统平库相比，节省 30% 的空间。

该自动化立体仓储可谓好处多多：一是更智能，配有堆垛机、机器手、智能AGV机器人、RFID门禁等一系列智能化设备；二是更高效，人力成本节省了原有仓储所需的三分之一，效率提升30%，仓储利用率能提升2～3倍；三是更精确，收发货准确度更是高达100%。

第四节 消费者渠道：线上销售VS线下销售

销售是一个满足消费者需求的过程，但消费者的需求是受多种因素影响的，其中除了经济因素外，还有消费者所在的空间，这个空间相当于销售渠道，可以理解为消费者所在的“位置”。现在互联网已经把这个空间分成了虚拟空间和地理空间，也就是我们常说的属于虚拟空间的“线上”和属于地理空间的“线下”，由此也就形成了这两条线上的相应的从业人员，即线下的零售经营者和线上的零售经营者。至此，线上线下被“撕裂”开来，二者在渠道、业务、利益等方面争夺不断，产生了激烈的冲突。就消费者而言，线下线上都有一批忠实的死粉，尤其是最近几年，双方阵营互不相让，一方指责对方扰乱市场秩序，另一方指责对方故步自封。对于这样的局面，消费者都希望能够在质量和体验中间找到一个平衡点。

随着“互联网+”（其实就是互联网加传统行业）及“+互联网”（其实就是传统行业加互联网）概念的提出及其实施，加之人工智能、大数据等新技术的日益渗透，线上线下渐渐融合，并开始出现了“新营销”“新零售”“精准零售”等零售新业态。从精准零售的视角来看，精准零售强调的是精准对接，并满足某个“位置”上的消费者的需求，这就要求零售经营者必须熟知消费者所在的空间，用技术手段挖掘并满足消费需求。事实上，无论是线上零售的“互联网 +”，还是线下零售的“+ 互联网”，人工智能新技术已经可以帮助线上和线下的零售经营者制定解决方案，让精准零售可以实现。

1. 线上解决方案：引入基于人工智能的解决方案

在自己的线上业务中引入基于人工智能的解决方案，是线上零售商运营升级的有效做法，目前的主要成果有智能客服机器人、智能推荐引擎、智能优化库存、智能分拣等。下面来看几个相关案例。

智能客服机器人涉及机器学习、大数据、自然语言处理、语义分析和理解等多项人工智能技术。智能客服机器人主要功能是自动回复用户问题，用户可以通过文字、图片、语音与机器人进行交流。智能客服机器人可以有效降低人工成本、优化用户体验、提升服务质量、最大限度地挽回夜间流量，以及帮助客服解决重复咨询问题。

阿里发布的智能服务机器人“店小蜜”，是一款面向淘宝系千万商家的人工智能客服。线上商家可让店小蜜取代部分客服，从而降低人工客服的工作量。在 2016 年“双十一”期间，店小蜜曾邀请多个天猫旗舰店参与内测，最终其一天内接待消费者近百万，节省近一半服务人力；2017 年“双十一”期间，一天接客量则突破 300 万；2018 年“双十一”期间，新版店小蜜全面应用到商家客服中，打造二十四小时不间断、售前到售后全链路的智能服务。如今的店小蜜更像是用户的个人助理，如做私人导购等，给用户带来了新价值。

智能推荐引擎是建立在人工智能算法框架基础之上的一套完整的推荐系统。利用人工智能算法可以实现海量数据集的深度学习，分析用户的行为，并且预测哪些产品可能会吸引用户，从而为他们推荐商品，这有效降低了用户的选择成本。

百度推荐是百度公司推出的一款专业的网站内容推荐系统，通过在媒体站点上推荐网站内的优质内容，提升网站流量、优化网民访问体验。百度推荐有两个最大的亮点，一是免费，百度的推荐服务无论是站内推荐还是百度推荐插件对用户都是免费的，个性化推荐的功能成本很低；二是接入方便，可以基于百度统计的基础上安装使用，同时插件可以直接下载安装，降低了非技术型零售经营者在系统接入上的门槛。

线上虚拟店铺和线下实体店铺一样，所有经营者都希望产品可以快速销售一空，毕竟商品销售就是收入的主要来源。但现实未必那么如愿，卖不掉的商品留在仓库，很容易造成资金上的压力，也会提高仓储成本，导致现金支出更多。因此，线上与线下都必须学习如何优化库存。事实上，从进货、进仓，到销售、出货、退货，每个过程都会对库存造成影响，创业者在每一个阶段都必须谨慎处理。

有这样一家线上零售商，他们与数百家供应商有业务往来。在日常业务来往中，供应商可能会说他们有 10 件商品库存，但实际上他们只有 8 件，以至于当用户想要下订单时，某件商品却没有库存。为了解决这个问题，该线上零售商使用机器学习技术来追踪不同供应商汇报自己库存商品的准确程度，将这些供应商所提供的错误库存率降低了一半，从而大幅提升了供应链的掌握度和准确度。除了使用机器学习技术，该零售商还在智能手机上使用图像识别应用程序来检查到底是哪一款产品已经到货或正在途中，这样一来，就能及时、准确地掌握自己这里的库存情况。

智能机器人分拣不仅灵活高效，而且适用性很强，机器人对场地要求比较低，数量也能根据场地条件进行增减。与人工分拣相比，在相同分拣量的情况下，货物分拣更及时、准确，分拣环节的减少让货物搬运次数相应减少，货物更有安全保障。

某互联网技术公司研发的射频识别智能物流分拣解决方案，能够把所有需要分拣的货物贴上射频识别标签，在仓库管理的核心业务流程出库、入库、盘点、库存等的控制上实现更高效精确的管理。该项射频识别技术以识别距离远、快速、不易损坏、容量大等传统条码识别无法比拟的优势，简化了繁杂的工作流程，有效改善了仓库管理效率和透明度，从而使企业的业务运营实现了精益化管理。

特别值得一提的是，对于一些线上零售商来说，可以与信息技术公司建立合作伙伴关系，引入他们的人工智能解决方案，这是线上零售商实施人工智能策略的必要路径。因为这类公司有技术研发实力，他们提供的方案可以切实帮助到线上零售商，比如，可以准确获取用户需求并创造最佳用户体验；还可以创造个性化的应用场景；也可以了解消费者使用各种设备的行为等。下面的几个相关案例就很好地说明了线上零售商借用“外脑”的益处。

佛山市咔嚓购信息技术有限公司研发的一款手机软件酒咔嚓（9KaCha）储备了大量进口红酒数据，可以为消费者提供进口葡萄酒的在线市场，使用计算机视觉进行产品搜索。该公司曾与海尔合作，其进口红酒数据通过海尔酒知道 APP“酒标扫描”功能扫描红酒酒标，识别红酒信息，可为葡萄酒爱好者提供专业的红酒信息解读，同时配合海尔微酒酷设备，可实现最佳存储温度的一键控温，保障用户的最佳口感，这些都能帮助海尔准确获取用户需求并创造最佳用户体验。

在利用人工智能打造个性化应用场景方面，有一家线上零售商利用信息技术公司提供的软件，将用户分为若干个地理区域，并在广告中推荐基于当地天气的产品。该零售商还使用其他指标，如过去的购买行为和用户喜欢的品牌与颜色等，来推动用户进行决策。

除了线上扩展个性化体验之外，线上零售商还希望了解消费者使用各种设备的行为，这方面也可以利用信息技术公司提供的软件来实现。比如，消费者是不是都是在手机或平板电脑上点餐的，哪些人习惯使用移动设备，哪些人习惯使用平板电脑等。线上零售商利用相关软件获得了这些信息，不仅可以选择最适用的策略与跨平台的用户群体进行互动，也可以为每个用户量身定制营销信息，还能更具体地针对每个用户的设备进行个性化推广。

2. 线下解决方案：利用人工智能实现运营升级

人工智能不仅可以帮助线上零售经营者改善线上业务，也可以帮助线下零售经营者智能化运营实体店。现实中有很多这方面的成功案例。

丝芙兰专卖店内的智能设备可以扫描顾客的面部，并为购买粉底和遮瑕膏的顾客提供个性化的推荐；还可以扫描顾客唇部，并帮助顾客找到最适合的唇膏颜色。对于那些经历过只有通过反复试色才能找到完美色调的消费者来说，这种体验是极具吸引力的。

沃尔玛是世界上最大的零售商店之一，它计划使用机器人来帮助管理这些巨大的货架。加利福尼亚的沃尔玛启用的货架机器人，能够以每秒 7.9 英寸（大约每小时 0.45 英里）的速度行进，每 90 秒扫描完一次货架，比人类的效率高出 50%，而且更准确，速度提高了三倍。机器人将扫描数据传给商店员工，商店员工会根据这些数据给货架补货或者修正错误，这也是沃尔玛迈向数字化、加快购物流程过程中的一步。缺货产品是一个让零售商头疼的大问题，因为顾客在商店货架上找不到产品的时候也就意味着他们错过了销售的时机，但在零售店内使用自动机器人扫描货架则很好地解决了这个问题。

优衣库的 UMood 智能选衣系统不仅可以向顾客展示各种产品，还能够根据顾客的情绪来推荐服装款式和颜色。根据每个人的反应，该系统会向顾客推荐产品，顾客甚至不需要按下按钮，因为顾客的大脑信号就足以让系统知道他们对每件物品的感受，这可以说是人工智能读心术。

星巴克机器人通过其支持 AI 的语音订单，让消费者在早晨购买咖啡更便捷。顾客与星巴克咖啡师通过应用程序进行聊天，通过语音或文字下单。当顾客到达他们当地的星巴克时，订单会立马进入配置状态，跳过了排队等待的环节。

某线下零售商与一家创业公司合作制造了一款零售机器人，来帮助顾客在商店里找到特定的产品。这款零售机器人导购员可以在店内自由穿梭，指引顾客找到想要购买的物品的货架，并显示该产品的库存数量；同时，它还可以提醒售货员补充货物上架等。

在上述这些案例中，不管是追踪消费者的购物行为，还是用机器人扫描货架、帮助顾客找产品等，其人工智能新技术都让线下的实体店经营在很大程度上降低了成本；而新颖的科技产物也在不断地吸引着消费者的眼球，着实为实体店吸引了大量的客流。

第五节
供应链与物流：向消费者交付订单

零售领域的供应链是一个涉及产品、服务、物流及人员等诸多方面的复杂系统，从物流经营者到零售商及仓库所有者，其人员规模之庞大，网络之复杂，使得供应链可见性成为一个不小的挑战，全球零售供应链正变得越来越复杂。事实上，零售业复杂的供应链与物流系统都是为了满足消费者的需求而运作的，通过有效运作，向消费者交付订单。为了这个目标，技术手段是不可或缺的，尤其是人工智能、物联网等新技术的使用，使得商家可以准确、及时地完成商品交付。

1. 人工智能新技术打造的智慧供应链

零售领域的供应链要想高效并且可靠可信，就要用到相应的AI技术。事实上，零售业供应链已经成为人工智能创新的前沿，运用人工智能技术可以为零售商打造一个高效的智慧供应链。

京东打造的智慧供应链，是一个连接了消费者、物流和供应商的端到端的完整链条。在消费方面实现了智能消费，通过使用AI技术，把消费的场景细分化，能够让客户在合适的时间进行相应的消费，可以做到所想即所得。在物流方面实现了智能物流，能够快速、高效、安全地把相应的货物送到用户的手上。在供应方面实现了智能供应，通过基础设施的建设和 AI 技术的应用，能够快速响应各种供给端的需求，把用户的声音、客户的声音从消费端快速传到供给端，进行相应的按需定制。无论是提高响应还是精准供应，还是理解用户需求，按需定制，这些环节都需要大量的 AI 技术，在大数据的基础上进行相应的分析。比如，在物流方面，京东通过一系列的人工智能算法，能够使得整个仓储的周转期降低 27 天，缺货率降低 15%，使得滞销的占比和库存健康都得到很好的改善。京东通过 AI 技术和大数据技术的应用，把一个线性的供应链转变为一个以用户为中心的网状供应网络，使得整个供应链更加高效率。

阿里的供应链创新独树一帜，其内部已经形成了一套顶尖的智慧供应链体系，用不同的模型来适配不同类型的商家，诸如饿了么与口碑、盒马鲜生与易果、零售通等都具有供应链属性，他们之间协同作战，已独具规模。在 2018 年 8 月第二届阿里供应链开放日上，阿里发布的智慧供应链服务——水晶球，就像一个商业智慧大脑，为各个零售业务提供供应链管理的优化方案和大数据决策能力。阿里希望通过这个平台帮助商家的生意“越做越简单”。此外，阿里的天猫国际还致力于跨境供应链升级，专门为此建立了跨境供应链平台，基于国际站的买卖家撮合交易，为买卖家订单交付履约的一揽子需求提供服务。

2. 实时跟踪货运，完成“最后一公里”交付

物流作为整个供应链系统执行范畴的一个重要方面，其仓储和运输功能的实现少不了技术的支持。比如，卖家和买家都想知道他们的货物处于何种状态，交付时间是多久等，为此，使用人工智能和物联网等新技术来实时跟踪货运，即使在全球范围内，只要是他们的货物所达之地，都可以进行实时跟踪，以完成“最后一公里”交付。

“最后一公里”是物流配送的末端环节，它的优势是可以实现“门到门”，按时按需地送货上门。人工智能和物联网等新技术为实现最后一公里提供了现实路径，通过这些技术手段，目前已经创新出现了很多物流新物种，诸如末端一公里、前置仓 + 即时物流、门店 + 即时物流、小时达等。下面不妨以其中的前置仓来展示一下零售领域物流“最后一公里”交付的操作模式与成果。

前置仓是配合新物流兴起的一种配送模式。所谓前置仓，是指在企业内部仓储物流系统内，离门店最近，最前置的仓储物流。前置仓是科技驱动下“新零售 + 物流”模式的典型代表。与普通的中央仓、城市仓相比，前置仓与消费者的距离更近，真正做到了从地理上最小化配送距离，提升配送时效。此外，前置仓还可与大数据结合，提前判断物流需求，降低备货不确定性。事实上，在前置仓模式下，传统的物流配送格局已经由“电商平台 + 快递企业 + 消费者”，转变为“电商平台 + 前置仓 + 即时物流（或消费者）”，或者“前置仓 + 消费者”。

目前，前置仓布局方面已经有了许多新进展，例如：阿里的零售通、京东的新通路可覆盖到乡村的门店，菜鸟和京东的线下便利店可

以实现门店到个人，顺丰的前置仓主要分布在城市。下面仅举顺丰一例，来看看其前置仓布局。

顺丰的模式是线下体验店和“前置仓+店配”。在顺丰的线下体验店中，优选的商品覆盖全球60多个国家和地区，并深入国内外产地进行直采合作。在顺丰的“前置仓+店配”模式中，其“前置仓”设在收方客户较集中区域的速运营业网点，既充分利用分点部现有资源（场地、仓管员、计算机、监控、设备等），同时将配送半径缩小到1～3公里，满足了同步配送5～10家门店要求，大大减少串点线路后端门店的等待时间，达到快速配货的目的。

在2018年“双十一”期间，顺丰投入使用464个前置场地，临时前置仓面积达1.2万平方米，可同时将上海、苏州、深圳三地末端配送距离控制在1小时可达的范围内，并实现全国主要二线城市当天派送。如欧莱雅选择与顺丰合作，采用集群微仓模式，在上海、苏州、深圳三地实现了1小时通达全城。在“双十一”正式开售前，顺丰就已根据各电商平台预售数据，将约200万件欧莱雅产品运送到了改造好的前置仓中，真正实现了将货提前送到家门口。

顺丰的前置仓布局也扩展到了海外，如东欧仓，它是顺丰较早布局在欧洲的海外仓。东欧仓与仓库所在地国家政府合作，保税清关，提供邮政经济派送，辐射范围除了德国仓覆盖的28国以外，还包括俄罗斯、白俄罗斯、乌克兰和挪威4个国家。在仓库内，按照小件、中件、整托盘、整箱等不同形式的商品分区存储，保障货物及时出库。

物流前置仓模式的出现，是科技驱动物流企业创新，亦为零售业及物流行业的降本增效、科技供应链的优化改造、消费体验的不断完善带来了更多新可能。

第六节
整合线上和线下：打造零售业新解决方案

尽管有不少零售商专注于线上或线下的解决方案，但从长远来看，整合线上线下这两种解决方案，以打通线上线下，实现消费完整闭环，是零售商进行管理与运营升级的重要路径；而人工智能、大数据、物联网等是实现整合必不可少的技术手段。

1. 线上与线下两种方式的整合之道

线上零售与线下零售各有优劣，而二者之间共性的问题是在渠道、业务、利益等方面的矛盾冲突。这也是线上线下由来已久的问题。那么，究竟怎样解决这个问题？不妨先来看看达令家对线上线下两种方式进行整合的做法。

达令家供应链电商平台作为全球女性时尚消费平台，着重在商品、渠道和流量三个方面进行整合：在商品方面，达令家强调内外贸一体化，其组织的自营商品库主要由跨境电商进口和国内优质商品组成，并通过自主研发的新型在线供应链平台系统，综合提供商品、网店系统、配送及售后服务；在渠道方面，达令家注重女性消费领域餐饮、零售及生活服务类中小型实体门店，与这些实体门店深度互动，如帮助餐饮店拓展进口食品的销售、帮助零售店配备新品、帮助母婴店提供时尚女性商品等，形成了“服务+零售”的新型商业业态；在流量方面，达令家利用会员信任度、社群化和黏性高的特点，建立女性社交场景，通过分享推荐、唤醒、刺激等一系列网络社交方式，将用户的被动到店消费转化为主动到店消费。此外，在经营管理上，达令家还委托一批专业培训经理对店主进行销售流程、推广经验、APP 及小程序使用等方面的培训，破解了线上线下融合应该解决的培训难题。

达令家利用自己的电商平台，将相关跨境进口商品通过中小型实体门店店主推荐，精准送达用户，从而很好地整合线上与线下两种方式，真正实现了线上线下的融合。从一定程度上讲，“精准送达”恰恰体现了精准零售的主旨。

其实，尽管线上与线下之间有渠道、业务等各方面的矛盾，但线上线下将会深度整合，进而演化成相互依存、互为补充和促进的存在。下面这些方法都是可以参考借鉴的：

比如，线上只销售某一特定类别的产品，这样一来，就与线下渠道有了差异，不至于引起渠道商们过度恐慌而进行反击式竞争。例如，有一家高科技电子产品零售商在开拓电子商务渠道时候，就只在线上销售库存过剩的产品及反季的产品，因为没有其他零售商与之竞争，所以最后取得了相当好的效果。由此可见，在规划实施线上战略时，应该把现有的渠道商们的利益切实考虑进去。

再如，线上处理小笔订单，如果遇到大订单还是让经销商处理。例如，有一家生产防护镜和电焊器材的公司在网上销售自己的产品，如果有客户的订单超过 5000 元，该公司就把客户引导到其分销商那里去处理。除了引导大单客户，也可以让发布的网站只做品牌展示而不做具体销售，若有客户则交给分销商处理。

又如，线上接受线下零售渠道覆盖不了的地区的客户。例如，××公司推出了一款电子阅读器，有高速无线互联网接入功能，可以在线浏览海量内容。该公司与传统媒体事先协商好，为避免在线业务对传统媒体印刷版的冲击，其促销活动只针对纸质媒介覆盖不到的地区的读者。这样协商的最终效果是，不但没有与传统媒体产生矛盾，传统媒体还为这家公司提供了一些盲区读者的信息。

另外，从O2O、B2C等电子商务模式的经验来看，如果传统制造企业对于电子商务有足够大的雄心壮志，不妨采取以下办法：一是让产品线上线下价格统一。如某公司发布了一个网站，让大型医院可以在线采购其产品，并将网站上的价格与其他渠道的价格都公布出来。二是把互联网销售利润分一杯羹给经销商及销售人员。如某公司对于带来在线销售的渠道商，都给予“代理费”。三是提升与渠道商的信息共享，可以考虑使用专门的渠道管理软件，与渠道商的电子商务平台整合起来。

事实上，线上和线下的融合不只是简单的收购、改造就可以完成的，这是一场革命。而革命的关键在于人，在于人观念的转变。线上线下的融合之道首先是人之“道”，扭转人根深蒂固的观念，从根本上解决“道”的问题之后，才能进行操作层面的“法”及“术”的实践，诸如技术攻关、流程改造等。

2. 线上线下一体化的整合解决方案

无论是线上还是线下，围绕“以消费者为中心”进行洞察和创新，进行基于“人货场”整体框架的重构。为此，利用技术手段对线上线下两种经营方式进行整合，制定线上线下一体化的整合解决方案，对这两条线上的零售经营者来说都是一个非常好的选择。尤其是对实体零售来说，“双线合一”的线上线下一体化是其走通转型的一条正确道路。

在这里首先需要指出的是，线上线下相结合的一体化必须遵循一致性原理。所谓一致性原理，指的是在进行线上线下相结合的一体化实践过程中，必须使企业的形象、产品和服务具备高度的一致性。否则，将使消费者的认知混乱和影响购买转化，严重的将引起连锁反应，导致灾难性的后果，甚至使企业倒闭！

实现线上线下一体化的核心逻辑是打通线上线下，实现消费完整闭环，而库存、促销、订单、结算、会员这些零售要素，必须一个不少地“化”在其中。只有各个零售要素的一体化，才能全面实现线上线下一体化。

在库存方面，要实现线下库存与线上电商平台库存一体化管理，将线下的库存同步到电商平台，线上电商订单发货直接扣减线下库存，保证库存精准，账实一致。这需要通过行之有效的技术手段来实现，如软件或信息系统，将线上线下的库存信息整合到同一管理界面上来。若能实现供应链库存信息共享，产生的改进效果将会更加明显。

在促销方面，要将线下促销方式、促销规则同步到线上展现与应用，而且还要确保通过这些促销规则计算出来的结果能够保持完全一致，不会因此而增加人工投入。在这方面，实体店需要从技术上将这些规则和方法转化为可以实时同步的系统功能，如果自己没有技术能力，就需要向IT服务商或开发人员寻求技术支持，他们会提出切中实体店“痛点”的技术解决方案。

在订单方面，要从线上线下的接单、确认、发货、配送等业务流程入手进行整合，比如让线下仓库也成为线上订单的存储仓，以避免仓库空置等效率低下的现象。

在结算方面，要按照线上线下业务分离的模式开展供应商对账、结算等工作，但如果能够将线上线下业务数据进行整合，不但为更精简有效的财务结算创造条件，更为以销售数据为基础的大数据分析创造条件，通过对线上线下销售数据的归集整理，可以更精准地分析消费者行为，并提高服务的质量和效率。

在会员方面，应该具备共享思维，比如让消费者在任意时间、任意地点，只要是接触到店铺，就能够享受到一致的服务。比如，实际案例中的百联会员卡，就实现了跨业态、跨区域，线上、线下一体化管理，使得会员管理的统一性及会员黏度得到相当大程度的提高。

总之，只有在库存、促销、订单、结算、会员等方面实现一体化，才能真正实现线上线下一体化。在这样的模式下，消费者在购物时无论身处何地，无论是在线下逛街还是手持鼠标或智能终端，都能以同样的价格买到同样的商品，享受同样的咨询或售后服务，用任意方式支付和拿货。

第三章 精准零售的内涵：建立标靶，射中靶心

人工智能、大数据等新技术支持下的零售实践，能够及时、快速、准确地将产品与服务送达顾客手中。未来，零售的发展不仅仅是个性化的推荐，而是更进一步地缩短商品与消费者之间的距离，利用现代新技术手段不仅能实现精准推送，也能实现智能推送。在这样的形势和趋势下，零售商家只有把握精准零售的内涵，熟知精准零售的理论依据，快速精准地触及目标受众，采取卓有成效的运作方法，才能应对当下的挑战，走向更好的未来。

第一节
精准零售的概念与核心思想

消费需求的拉动和新技术力量的推动驱使零售领域掀起新一轮革命，零售操作过程所面临的“人”的变化、“货”的变化及“场”的变化越来越大，要求必须进行精准零售，即通过场景实现人与货的精准对接。为了应对新变化、适应新要求，零售商应该深刻理解精准零售的概念、含义、特征和趋势，把握其核心思想，以获得新的发展。

1. 什么是精准零售

什么是精准零售？要想全面而深入地理解这个词，需要从它的概念、含义、特征、趋势这几个维度来阐述。

所谓精准零售，就是利用人工智能、大数据、物联网等先进的现代技术手段，在合适的时间，合适的地点，把合适的商品和服务及时、快速、精准地交到合适的消费者手上。

基于上述概念，精准零售的含义体现在精准洞察、精准定位、精准锁客，并且精准货源、精准推送，以及线上线下的精准融合，是一种“点对点”的方式。其关键是对“人货场”的精准理解，利用现代化信息技术手段打造线上线下零售的“人货场”新场景，为消费者创造更优质的购物体验。

精准零售是人工智能、大数据、物联网等新技术在零售领域的价值体现，因此其具有两个明显的特征：智能和精准，亦即消费智能化和消费精准化。

“智能”二字充分说明了新技术对零售业的支撑作用。零售商作为产品与服务的重要推送者，必须用新技术创造的各种消费场景，为消费者的消费行为带来智能的也是智慧的消费体验。消费场景的愈加智能，使得精准零售具有了消费智能化的特征，而智能也引领着零售业的未来。“精准”二字恰如其分地诠释了现代商业理念。现代商业强调立足细分市场及目标人群，并建立与之相匹配的差异化消费体系，以获取消费力。正是因为能够完成“精准送达用户”的全过程，因而使精准零售具有了消费精准化的特征，而精准也鲜明地体现了现代商业的今天乃至未来。

精准，是未来零售的重要趋势。未来的零售将用技术手段实现智能推送，从而进一步缩短商品与消费者之间的距离。

精准零售既是一种零售方式，更是一种经营理念。之所以说它是一种零售方式，是因为它利用人工智能等新技术手段将产品和服务及时、快速、精准地送达消费者；之所以说它是一种经营理念，是因为它是一种系统化的模式和方法，它将整个零售环节进行优化、形成系统，并进行系统控制，从而极大地改善了原有的零售方式。

2. 精准零售的核心思想

凡是一项活动，无不有一定的过程要求和目标要求，如果把描述活动的词称作主语，那么要求过程和目标的词就可称作修饰语。具体到“精准零售”这个词，从单纯的语法构成来看，“零售”是一项活动，是主语，“精准”则是对零售这项活动的高标准要求，在语法中是补充或修饰成分。

再来看看“精准”二字的文字语义。其中的“精”是精细或精炼，“准”是准确，所以它的文字语义是“精细”和“准确”。事实上，精细和准确是衡量精准零售的两个重要指标，也正因为如此，精细和准确能够比较恰当地体现精准零售的深层次寓意及核心思想。

什么是精细？精细的零售需要精细化管理，要通过技术手段管理好线上线下的店员、店铺、商品这三大零售源头。店员管理主要是管理好直接销售人员和管理人员；店铺管理的关键是店铺选址（包括线下店铺选址和网店的平台选择与自建）以及店铺内外布局等；商品管理的关键是商品的采购、库管及后续管理等。

什么是准确？准确的零售同样需要通过技术手段，比如，借助先进的人工智能技术、物联网技术、数据库等技术手段，保障与消费者的沟通，密切个性化互动，从而不断满足消费者的个性需求，以此来实现准确的零售。

总之，精准零售的核心思想体现在“精准”二字之中。为了做到精准，零售商必须利用先进的现代技术手段做产品、做服务，实现及时、准确地推送，从而呼应消费者的需求，超出消费者的预期。

第二节 精准零售的理论依据

精准零售概念不是凭空而来的，它既有零售行业创新实践的现实基础，也有一些理论作为依据。基于零售实践这个母体依据，并参考已有商业典籍中有关零售的论述，我们发现，精准零售有五个主要理论依据，它们是：4C 理论、让客价值、沟通理论、客户生命周期和链式反应原理。针对这五个主要理论依据，本节内容在简介之后重点论证它们在零售领域的应用及对精准零售的意义。

1.4C 理论：买方的主动性、参与性及便利性

4C 理论一般指 4Cs 营销理论，也称 4C 营销理论，是由美国营销专家罗伯特·劳特朋在其 1990 年出版的《4P 退休 4C 登场》一书中提出的，其包括消费者（Customer）、成本（Cost）、便利（Convenience）、沟通（Communication）四个方面。4C 理论的核心是以消费者的需求为导向，强调消费者在整个零售活动中的主动性与积极参与，强调消费者购买的便利性。为此，它认为企业首先应该把追求消费者满意放在第一位，其次是努力降低消费者的购买成本，然后充分注意到消费者购买过程中的便利性，而不是从企业

的角度来决定销售渠道策略，最后还应以消费者为中心实施有效的沟通。

4C理论应用于零售领域主要体现在这样几个方面：其一，以消费者的需求为导向来传递信息；其二，减少了流转环节，降低消费者的成本；其三，打造零售场景，为消费者提供便利的购物体验；其四，与消费者进行双向互动沟通。

零售领域的4C理论应用必须贯彻“以消费者的需求为导向”的基本原则，这一原则集中体现在零售的信息传递过程中。传递信息是零售商的一项重要功能，要真正做到以消费者的需求为导向，就必须将产品和服务的信息有效地传递给消费者。为此，要通过各种现代化信息传播工具与消费者进行直接沟通，做到信息的有效传递，可以比较准确地了解和掌握消费者的需求和欲望。总之，唯有有效传递信息，才能实现精准零售。

降低消费者的成本是4C理论应用于零售领域的重要体现。事实上，每一位消费者都希望降低自己的消费成本，获得超值的购物体验。为此，零售商要致力于整合线上线下资源，减少流转环节，完善订货、配送、服务系统，为消费者提供性价比高的产品和服务。

打造零售场景是精准零售的重要“抓手”。零售场景的优势在于为消费者提供了一个场所，一个可以从视觉、听觉、触觉上全身心感受商品，获取商品信息的平台，从而减少了消费者购物的麻烦，提高了购物的便利性。诸如休闲场景、饮食场景、社交场景等，其重点在于让消费者感受到与生活、工作相仿的环境，将消费者隐藏的或者只针对某种环境的需求激发出来。技术手段是打造零售场景必不可少的支撑，用技术手段创造闭环式的良好体验，会进一步增加消费者黏性，为其二次消费打好基础。

沟通是零售商与消费者达成交易的必要条件，也是精准零售所一贯强调的。精准零售能够实现与消费者的双向互动沟通，这是精准零售与传统零售最明显的区别之一。为了进行双向互动沟通，零售商要了解消费者的特征和偏好，确保可以用他们喜好的方式与之进行沟通。同时，既然沟通是双向的，零售商给消费者提供的服务体验也要体现自身的价值定位。

2. 让客价值：向顾客提供更多的价值

让客价值这一概念是美国西北大学教授、被誉为“现代营销学之父”的菲利普·科特勒在其1994年出版的《市场营销管理——分析、规划、执行和控制》一书中提出的。所谓让客价值，是指顾客总价值与顾客总成本之间的差额。其中，顾客总价值是指顾客购买某一产品或服务所期望获得的一组利益，包括产品价值、服务价值和形象价值等；顾客总成本是指顾客为购买某一产品或服务所支付的货币及所耗费的时间、精力等，包括货币成本、时间成本及精力成本等。顾客在购买时希望以最低成本获得更多的利益，因此总是倾向于选择“让客价值”最大的方式。而企业为了战胜竞争对手，就必须向顾客提供比竞争对手更多的“让客价值”。

让客价值应用于零售领域，精准零售方式很好地体现了其主旨，主要有这样几个方面：一是产品和服务精准对应消费者，提高了顾客总价值；二是打造零售场景，降低交易成本。

精准零售的“精准推送”提高了顾客总价值。所谓精准推送，即精准推荐信息，精准送达产品与服务。零售商在参与生产过程中，其产品设计充分考虑了消费者需求的个性特征，增强了产品价值的适应性，从而为顾客创造了更大的产品价值。在提供优质产品的同时，零售商更注重创造服务价值，打造零售场景，增强消费体验，这方面无疑也提高了顾客总价值。

精准零售降低了顾客总成本。消费者购买商品不仅要考虑其价格，还要知道其他有关商品的确切信息，并对这些商品进行各方面的比较，同时还必须考虑购物环境是否方便等。因此，零售商既要考虑到消费者能否接受当前的商品价格，更要考虑到消费者在消费过程中支出的时间与精力成本，这些成本都可称为交易成本。交易成本的大小直接影响交易的成败，而精准零售恰恰具有降低交易成本的重要功能。零售商采用技术手段打造的零售场景，将会使产品和服务的相关信息直达消费者，从而降低消费者搜寻信息的时间及精力成本。

3. 线性沟通模式：直线沟通、直接沟通

两点之间最短的距离是直线，所以人与人的沟通应该采取最短的直线距离沟通模式，也就是线性模式。因此，沟通最有效的模式就是线性模式，是直线的，也就是直接沟通。

线性沟通模式形象地体现了沟通理论的思想。沟通理论又译通信理论，是西方政治学流派之一，由美国哈佛大学政治学教授卡尔·多伊奇于20世纪50年代创立，目的是用控制论的原理去解释社会的政治现象。它是指政治系统（主要指政府）接收信息，并对信息作出反应的能力，包括翻译、分析、运用和储存信息的能力。沟通理论有许多

重要的基本原理，包括真实性原理、渠道适当性原理、沟通主体共时性原理、信息传递完整性原理、代码相同性原理、时间性原理、理解同一性原理、连续性原理、目标性原理、噪音最小化原理等。从这些基本原理来看，可以认为都是从不同角度、不同层面反映了直接沟通的必要性及其效果。

在对沟通理论研究的学者中，领导行为理论代表人物亨利·明茨伯格的研究对直接沟通具有里程碑意义。明茨伯格曾经明确指出，沟通和人际关系在管理工作的作用中占有三成的份量，而他在1973年出版的自己的代表作《管理工作的本质》一书中首先创立了经理角色理论，更是将“喜欢采用口头联系方式”和“重视同外界和下属联系”作为经理角色六个特点（其他四个特点是：工作量大，工作紧张；活动多样，反应必须迅速、及时；乐意参加现场活动；承担大量义务，同时享有很多权利）中非常重要的两个特点。事实上，明茨伯格的观点和理论直接强化了沟通理论中直接沟通的可行性和重要性。

将沟通理论中的这种线性模式应用到零售业，最能与之对应的零售方式是精准零售。换句话说，精准零售中的直接沟通与沟通理论中的线性模式有着同样的含义。

精准零售中的沟通是直接的、线性的，并且是双向的互动交流过程。在精准零售过程中，零售商与消费者的日常沟通是在一个完全透明的环境下进行协作，其沟通方式最为直接，也最为有效，不管是实体店的“面对面”沟通，还是网店的“信息直接送达”，其“一对一”的直接沟通方式，使沟通的距离达到了最短，强化了沟通的效果。

4. 客户生命周期：使用技术手段全程管理客户

客户生命周期理论也称客户关系生命周期理论，是指从企业与客户建立业务关系到完全终止关系的全过程，是客户关系在不同阶段的动态描述。在生命周期上客户关系的发展是分阶段的，客户关系的阶段划分是研究客户生命周期的基础。目前这方面已有较多的研究，有的学者提出了买卖关系发展的五阶段模型，也有的学者将客户生命周期划分为六个阶段，其实比较适合零售业实际情况的是将客户生命周期划分为考察期、形成期、稳定期和退化期四个阶段。其中，考察期是关系的探索和试验阶段，形成期是关系的快速发展阶段，稳定期是关系发展的最高阶段，退化期是关系发展过程中关系水平逆转的阶段。

管理大师彼得·德鲁克说："企业的最终目的，在于创造客户并留住他们。"一个完善的客户关系管理（Customer Relationship Management，简写为 CRM）应该将企业作用于客户的活动贯穿于客户存在的整个生命周期。而零售领域精准零售这一创新方式中的客户关系管理就能够体现在客户生命周期的各个阶段，并且技术手段贯穿其中。

考察期的精准零售活动，零售商要对所有客户进行调研，以便确定出可开发的目标客户。在这个过程中，用技术手段发掘客户最为关键，如通过用户画像技术帮助零售商挖掘出用户的购物习惯、兴趣和偏好等，通过客户洞察，细分客户群体，找到能够带来高价值的关键客户群。

形成期的精准零售活动，零售商要做的事是加大对客户的投入，进行客户关系的二次开发，如通过微信等智能终端为客户提供更多的有用信息，加强节假日及日常的联络等，目的是进一步融洽与客户的关系，提高客户的满意度、忠诚度，并力争扩大交易量。

稳定期的精准零售活动，零售商致力于打造一流的零售场景，并创新设计多种有益于客户身心健康的活动，进一步增强客户的消费体验。需要强调指出的是，稳定期的重中之重是客户保留。在争夺客户资源的竞争日益加剧的情况下，能够保留住客户无疑是每一个零售商最关心、最努力要完成的工作。而精准零售讲究的就是精准对应客户需求，创新提供产品和服务，如果真的有了这样大量的创新投入，那么保留客户应该是水到渠成的事情。

到了退化期，客户对零售商提供的价值不满意，致使零售交易量回落，因而零售商一般不再做过多的投入，会渐渐放弃这些客户。

客户成熟期的长度可以充分反映一个零售商的盈利能力。因此，面对激烈的市场竞争，零售商要针对客户生命周期的不同特点，提供相应的个性化服务，进行不同的战略投入，这样才能获得更多的客户价值，增强自身竞争力。

5. 链式反应原理：注重客户增值和裂变

反应，既是生物学名词又是科学名词，是指客观物质受到某种作用而引起变化的现象和过程，分为化学反应和物理反应两种类型。世间万物都会发生反应，并且都遵循反应原理。

反应现象中有一种链式反应，也称连锁反应或链反应，是指反应的产物或副产物又可作为其他反应的原料，从而使反应反复发生。简言之，事件的结果包含有事件发生条件的反应称为链式反应。在零售领域，如果零售商能够运用好链式反应原理，就会引发一系列的良性反应，比如通过营销来引起链式反应。其中的方法有很多，大数据营销、物联网营销、互联网营销等，都可以引发链式反应。现实中，这方面的例子有很多，具体来看下面几例。

小米用物联网玩出了营销新花样。小米牢牢掌握个人入口、家庭入口、生活场景入口三大入口，为营销提供了最精准的大数据：基于MIUI系统级数据+小米生态链数据洞察，小米涵盖了用户生活当中方方面面的各个场景，成为“米粉”连接世界的第一入口。同时覆盖线上及线下，让小米能够更准确地了解到消费者的真实需求。线上数据洞察用户主动上网行为，线下数据利用小米智能硬件设备刻画用户物理空间的数字化表现，如位置画像、状态画像、环境画像等参数。

淘宝充分利用了大数据发现商机。研究人员发现，淘宝每一天上网高峰期主要集中在中午的12点之后和晚上的12点之前，而出现这种“怪现象”的原因是因为现代人普遍睡觉前都会有上网的习惯，于是有些淘宝商家就利用消费者这种“强迫症”在晚上12点进行促销秒杀活动，带动销量的倍增。

海尔的微博营销别具一格，他们不断更新微博，在各大微博红人区抢热门评论，抢回复，与网友互动，看起来和普通吃瓜群众一样，在众多网友感叹的同时也再次在微博上形成了一股热潮：没想到你是这样的海尔！比如，当年有一个网友在微博上发文称想要购买一台豆浆机，没想到这条毫无炒作痕迹的普通微博却引来了200多个官微在评论区的一片混战，该微博的转发量很快就超过12万，评论超过9万。此次互动不但让众多企业的曝光度大大提升，可以说这是一次典型的互联网思维方式的成功网络营销案例。

上述案例无不证明了链式反应原理在零售领域的作用。从某种意义上讲，精准零售就是通过物联网、互联网、大数据等这些技术性工具来实现客户增殖和裂变。

第三节 精准零售要快速精准地触及目标受众

目标受众是零售业的主要服务对象，快速精准地触及目标受众是零售业的核心命题。作为一种零售方式、一种经营理念，精准零售更加关注目标受众，以实现将产品和服务及时、快速、精准送达受众的这个目标。事实上，能否将产品和服务信息快速有效地传递给消费者，能否将产品和服务本身信息快速精准地送到消费者手里，不仅检验着一个零售商的能力，也是衡量经营成败的主要指标。因此，每一个零售商都需要精准的用户画像，运用大数据来定位目标受众，线上线下同步进行产品传播推广和优化。

1. 了解目标群体：精准零售需要精准的用户画像

用户画像，即用户信息标签化。建立更为精确的用户画像，是触及目标受众首先要做的事情。对用户画像更加精准地刻画，将有助于把产品和服务传达至用户手中。

我们平常所说的用户画像一般是指传统用户画像，它偏向于定性分析，包括诸如年龄、性别、职业、收入、地域等，以此来发现用户需求产生的原因，然后再根据这个需求来提供相应的产品和服务。不难看出，传统用户画像常常是整合构造出的一个理想个体，而并非真实的目标群体；此外，传统用户画像是静态的，并且由于是定性分析，因而它也是主观片面的。

与传统用户画像相比，精准零售的用户画像更加精准。精准零售重在“精准”二字，因此它摒弃了理想化的统一个体，转而对用户群体进行细致描述和精准分类，真正了解到真实的目标群体，并针对每一个消费者的不同诉求，提供各具特色的服务，并尽可能地满足其“更爽、更好、更快”的要求。

事实上，用户画像在零售领域可以应用的地方很多，比如选址、研究竞争对手、分析用户、评估效果等。来看下面的例子。

某线下零售商针对自己在一二三线城市中店铺周围2公里范围内的覆盖和到店人群，利用用户画像技术从性别和学历状况、年龄与婚姻状况、收入情况、APP关注度、到店转化率等几个方面对人群进行研究，目的是为自己代理的国际品牌运作提供依据。研究结果发现，自己在二线城市的表现较好，在一线、三线城市的到店转化率较低。他们分析认为，与自己相同的品牌进入一线城市较早，这些竞品有较好的选址，并且已经奠定了品牌知名度，而三线城市的人们对国际品牌的认知和接受度较低。于是，该店铺根据用户画像提供的信息，进一步确定一线城市目标人群，有选择地进行精准投放，同时加大了用户体验的力度，对线下零售场景进一步优化……做出调整后，这家店铺收到了不错的效果。

精准零售的用户画像向我们展示了一个不一样的真实的目标群体：一方面，它扩充了传统用户画像的内容，将用户行为数据等纳入其中；另一方面，也考虑到了时间和地理及其变化等诸多因素，最终形成了丰富的、立体的、动态的用户画像体系。

精准零售的用户画像包括两大方面：一是描述了用户的接触点，既包括线上线下用户行为数据，也包括线上线下用户的购买路径；二是体系化的线上线下的用户标签，包括人口属性、社会属性、兴趣偏好、意识认知四个方面。这个体系化的用户标签包括众多的内容，在人口属性标签中，有性别、年龄、身高、血型、籍贯、常住地等；在社会属性标签中，有婚恋状况、教育程度、资产情况、收入情况、何种职业等；在兴趣偏好标签中，有摄影、运动、体育、美食、美妆、服饰等；在意识认知标签中，有消费心理、消费动机、价值观、生活态度、个性特征等。

这里需要特别注意的是，描述用户群体的标签并非数量越多越好，最重要的是从中提炼出最具价值的商业信息。还有一点就是，在分析这两大方面的信息时，不要将二者各自独立起来去分析，因为它们相互间会有交叉或关联，比如体系化的标签内的“兴趣偏好”这一项，它与用户的线上行为数据有很大关联。

2. 定位目标受众：运用大数据来分析人群

美国人杰克·特劳特和阿尔·里斯都是定位理论和营销战理论的奠基人和先驱，他们在合著的《定位：头脑争夺战》一书中说：“真正决定营销成败的是消费者的大脑，消费者的认知就是事实。”定位已经无人不晓，如今没有哪家公司在推出一个新品牌之前不做一份定位声明的。

企业在多数时候无法将自己的产品功能丰富到可以服务于所有人的境界，因此，企业只能根据自身能力向特定的人群提供特定的产品和服务，这些特定的人群就是“目标受众”。每个企业都需要定位自己的目标受众。那么，如何确定哪些是目标受众呢？这就需要运用大数据来分析人群，来最终定位目标受众。

目标受众定位就是对产品潜在的消费群体进行分析，包括他们的年龄、性别、消费、职业等，以了解用户不同的需求并不断给予满足。这项定位分析工作所用到的数据，既可以是自己数据库累积的，也可以通过外部的数据平台工具来获得。

自己的数据库中有许多数据可以利用，比如，商业数据来自企业ERP（企业资源计划）系统、各种POS（销售点情报管理系统）终端及网上支付系统等业务数据；交互数据来自通信记录及QQ、微博等社交媒体；传感数据来自GPS（全球定位系统）设备、RFID（射频识别）设备、无线网络和视频监控设备等。

外部工具就有百度、淘宝、微信等平台上的数据。例如，百度在很多年前就开通了百度指数，通过它可以查询一个关键词的搜索量，搜索量越大说明市场需求越大。然后再看百度搜索结果，如果搜索结果排在前面三页没有太多的专业网站的话，说明这个领域就有非常大的机会。淘宝原来也有指数，现在变成了淘宝生意参谋，通过以淘宝数据为支撑，还有许多第三方网站可以查询相关数据。你输入一个关键词，就可以查看每天多少人搜索，有多少成交量，这些人都是什么地区的？年龄多少？都什么星座？以及收入、爱好等，这些数据都可以免费看到。

这里以一个景区便利店为例来说明大数据的运用。景区便利店的销售额大多是通过微信等APP线上推广和线下促销来实现的。对于景区便利店来说，利用店外的数据平台是非常必要的。比如，可以用平台提供的数据模型分析景区到访人群，如年龄、性别等，然后在便利店有针对性地提供一些必备商品，并利用位置大数据平台对该区域人口分布进行分析，以确定开店位置。在确定哪个时间段在哪个地理位置人口分布较多时，就可以确定开店位置了。在这一基础上，可以将便利店的商品初步锁定在一般景区便利店必备的商品，并针对年轻人特别是年轻男性进行商品提供，如功能饮料等。

实践证明，大数据无论是用来选址还是分析定位目标受众，都能够把一个未知的问题转化为一个相对简单的分析问题，通过对数据的专业化处理，得出清晰、客观的预测结果。

3. 产品传播推广：线上和线下两个途径同步进行

要想快速精准地触及目标受众，在线上和线下传播推广产品必不可少，而这两个途径可以同步进行，并且效果会更好。线上线下同步进行产品传播推广，有助于打通购买壁垒，让消费者可以选择网购或者线下实体购买。

线上的产品传播推广主要是基于媒体触点来进行，首先是对目标受众的路径分析，然后选择媒体触点，最后是人群对接投放。例如，在得知占比最大的目标受众偏爱的媒体触点之后，即可在对应的媒体触点上进行传播，以吸引目标受众前来体验，并扩大商铺知名度。

线下的产品传播推广主要是基于商铺内消费者的消费行为分析来

进行，首先是捕获人员信息，其次是捕获“人场”交互信息，最后是捕获“人货”交互信息。

捕获人员信息可借助摄像头和人脸识别技术，结合付款APP（如支付宝）来进行，并从中提炼出用户画像中的人口属性和社会属性信息。如消费者到店识别，从年龄、性别、消费能力等多方面进行标签化展示，会员到店精准度识别，实时提醒黑名单用户进店情况。

捕获“人场”交互信息可借助行为分析仪进行捕获，以更好地把握商品陈列逻辑，并提炼出用户画像中的兴趣偏好属性和意识认知属性。如客流转化、停留时长、动作轨迹分析等。

捕获“人货”交互信息可借助集成了摄像头、麦克风、压力传感器、红外传感器、体积位传感器、电子标签等可穿戴设备进行捕获，并提炼出用户画像中的兴趣偏好属性和意识认知属性。如兴趣偏好方面的摄影、运动、体育、美食、美妆、服饰等，意识认知方面的消费心理、消费动机、价值观、生活态度、个性特征等。

“人货场”是零售永恒不变的三大要素，精准零售彻底重构了“人货场”。尤其是人场交互，人场交互其实就是人景交互，“场”和“景”在这里是一个意思。因此，要想捕获“人场”交互信息和“人货”交互信息，交互性场景设计非常重要，并且这恰恰是精准零售模式中的一个重要范畴。因为对于精准零售来说，重要的不是线上玩法或线下门店，它更强调的是能够与消费者交互的零售场景，有交互感、能引起共鸣的场景，才能吸引消费者在场景中产生消费冲动。总之，人与场的交互、人与货的交互，不仅能给消费者提供更好的消费体验，其中也有很多有价值的信息值得提炼，并可反馈到商铺的经营上来。

4. 产品推广优化：增强用户体验感及提升销售额

在线上和线下同步传播推广产品，究竟做得怎么样，还要看最终的结果。如果用“结果导向”这个重要的商业理念来看问题，那么对产品推广过程进行优化就是必须要做的事情，也唯有如此，才能增强用户体验感并提升销售额。当然，这个优化同样是线上线下两个维度同步进行。

线上在做产品推广优化时，点击率是个重要指标。事实上，点击次数多的人群其实就是有效流量，也就是可以转化成付费用户的流量，他们会持续使用你的产品并把体验分享给其他用户。为此，应该用互联网营销思维进行正确的、专业的、系统的操作，其具体路径一般包括用户调查、内容制作、投放渠道、数据反馈、调整优化五个主要环节。

（1）用户调查：首先，需要确定产品的用户画像，这一步可以通过调研竞品、做用户访谈确定。其次，需要确定推广内容的调性，比如我会去调查目标用户的年龄、职业、用户处于什么样的压力、用户的普遍追求等。也就是说，推广内容必须服务目标用户的属性，这样他们才能喜爱。

（2）内容制作：内容是产品的核心，产品的内容要做推荐性关联，比如，当用户能看到某一条视频时，同时还能提供主演的其他视频或同类风格的视频，这就是内容的关联性。产品要为内容打标签，让内容与内容之间建立好关联性。

（3）投放渠道：目前比较常见的产品推广渠道有短信、新媒体、社交媒体等。必须注意的是，选择产品推广渠道，要根据产品的市场定位和产品的人群定位来确定，这样才能够更好地做好产品的基础推广，改善产品的运营流程，提升目标用户转化率。

（4）数据反馈：推广数据就是我们所采取的所有推广活动和行为的指标数据，包括线上线下不同推广方式的到达率、点击率、转化率、二次访问率、流失率等。只有精准掌握这些数据，才能为优化工作提供依据。

（5）调整优化：线上的产品推广优化主要是基于传播的投放优化，即在多种传播渠道如社交软件、论坛网站、应用商店等上面初步确定目标受众并进行传播之后，在所有目标受众中找到点击次数多的人群，将他们作为新增的目标受众加入新一轮传播中，并努力加快传播节奏，从而让传播持续、有效地进行下去。

线下的产品推广优化主要是基于用户行为的投放优化，其遵循的原则有二：一是以“二八定律”来确定选品逻辑和补货逻辑，即努力以高质量产品促使消费者进行高消费；二是精益化陈列，即以最佳的商品陈列方式，来降低消费者购物的时间成本和精力成本。除这两个主要原则之外，还有很多其他更为细致的原则，如若检测到某款商品曾被多次拿起又放下，就表明该商品价格与质量不符；若某款商品在货架上经常处于空缺状态（但库存是充足的），则表明该商品的陈列方式不够精益化或陈列数量较少。

第四节
精准零售运作方法

我们说精准零售是一种有效零售方式，就是因为它能够通过新技术手段实现及时、快速、精准地送达。那么它是怎么做地的？只有在操作层面掌握一定的方式方法才能实现。下面将围绕明确企业目标、找到并分析客户、吸引客户、个性化的传播沟通、个性化的产品、留住客户这几个中心议题来依次展开。

1. 首要明确的是企业的目标

零售企业应该真正从帮助消费者的角度出发，满足消费者某一方面的需求，这是零售企业的战略目标。在这个大的目标之下，零售企业还有自己的财务目标和社会目标。

一般来说，零售企业只有在实现了财务目标之后，赚到了钱，才能更好地奔向社会目标，即公平地让消费者能够自由选购商品，并向社会纳税、提供就业机会、提供教育奖学金、扶助失学儿童等。因此，我们在这里主要来讨论零售企业的财务目标。

零售企业的财务目标主要是实现利润最大化、股东财富最大化、企业市场价值最大化。这里面涉及企业在市场中的地位也就是市场占有率，还有包括诸如单位面积营业额、人均销售额、商品周转率、销售利润率、资产利润率、资本利润率、每股收益率等在内的经营指标。要实现最优的财务目标，应透过大数据分析，挖掘客户价值，然后用人工智能、物联网等现代新技术来实现企业营收。

企业目标是一个涉及面非常广的大议题，所以在这里不再过多叙述。至于具体的实操层面的客户、传播沟通、产品等问题，将在接下来的内容中体现。只有目标落地，才能实现目标！

2. 透过数据找到客户在哪里

任何一家企业都不可能去做所有的产品和服务，哪怕是某一类产品和服务的市场也不可能全做。那么，谁是企业的客户呢？精准零售首先要先找到客户，分析其分布特征、信息来源和购买倾向等，然后才能有针对性地考虑销售方式。

用数据找客户并分析他们的潜在需求，是非常有效的方法。那么，零售商如何利用数据找到客户和分析其潜在需求呢？

先来看一个例子：

良品铺子在2017年就建设了2000多家智慧门店，实现单店单客的客户群体精准分析与挖掘，然后将3700万会员信息匹配到2000多家智慧门店系统。良品铺子注重研究消费大数据，平均每月抓取超过200万条客户评论，通过反馈数据来洞察消费者的行为和偏好，适时研发新产品。良品铺子销售的上千款零食，全部都是从消费大数据中获取精确的会员画像，分析不同的消费需求而研发的。在每一款零食背后，良品铺子对消费者洞察和调研一直是走心的，只是工具发生了改变，从原来的传统人工抽样访谈模式调研，转入现在的利用消费者大数据应用平台，从而实现更高效率和更加精准的数字化运营。

实践证明，在分析客户时，如果收集到尽可能多的数据，将会非常有帮助，这有助于全面了解客户群。比如，可以利用消费者浏览历史、历史消费数据及售后反馈数据等进行分析，准确把握消费者需求范围中的种类、价位、偏好、关注点等，从而去挖掘消费者的需求。因为客户最主要的需求往往影响着他们选择产品的标准。还可以通过客户需求的差异表现来反推客户潜在的需求，因为每个客户在表现消费差异的时候，必然有其自身因素的影响，零售商要巧妙地把握这些细节。

寻找客户并不是把眼睛只放在客户已经发生的行为上，还要善于发现其潜在的需求，掌控客户是为了更好地服务客户，给客户更好的体验，而不是像以前那样单向地向客户推销。另外，需要注意的是，因为客户需求会因受到包括新产品、当前趋势及其他各种因素在内的所有变量的影响而不断变化，所以这种分析应该是一个持续的过程。

3. 知道用什么办法去吸引客户

对于传统零售商来说，吸引客户来这家商店是一项相当具有挑战性的任务。不过目前已经成熟的新技术可以解决这个问题。新技术条件下的吸客措施有很多，例如，打造零售体验场景；打通线上线下；精选一两种网络推广方式做重点突击……从总体来看，主要是在线下实体、线上网店和移动电商等方面的创新零售，这些零售方式零售商应该学习掌握。

下面，就让我们通过一些具体的实例，来感受一番零售商的吸客妙招吧！

通讯零售领域著名的乐语 Brookstone 的做法被专家誉为零售体验场景“新物种”。乐语 Brookstone 倾力打造的“智能 & 健康体验店”，将手机、智能、新奇乐、妙健康产品结合在一起，店内的妙健康智能体检机可以做健康体检，身高、体重、BMI、血糖、血压等十余项核心健康指标，覆盖循环、消化、呼吸、骨骼等九大系统的体检在几分钟内就能完成，客户即刻就可在妙健康 APP 上查看详细的体检报告。店内还有医院的专业医生解答体检所发现的各类问题。除了为消费者提供体检之外，乐语 Brookstone 线下门店还创立了“妙 + 健康数据运营平台”，可以和体温计、血压计、血糖仪等共 300 余种跨品牌、跨品类的智能硬件连接，收集消费者的体征数据，并在 APP 端统一管理。如果门店中的新奇体验是一块磁石，随之而来，长期有效的流量涌动则形成了引力场，让消费者不止一次被吸引。

乐语 Brookstone 将妙健康所提供的一次性体验服务和智能硬件提供的数据追踪服务联合起来，为消费者提供长期的有效服务，而这一服务又和其门店中的商品密切相关。除了妙健康之外，乐语 Brookstone 还组建买手团队全球选品，为消费者提供更多新奇有趣的 3C 产品。这种“3C+ 妙健康 + 新奇乐”的模式为乐语提供了彻底的体验升级，满足不同年龄客群的需要，丰富了门店原有的客层结构。

在打通线上线下方面，上海拉夏贝尔服饰股份有限公司（以下简称拉夏贝尔）门店发货的 O2O 模式可谓独树一帜。拉夏贝尔的 O2O 模式分为三个方面：一是打通线上线下；二是打通线下门店；三是打通会员。

拉夏贝尔的电商部不备货、不卖货、不发货，只是开了一个天猫旗舰店，从拉夏贝尔开天猫旗舰店的第一天起，第一单配送就是由他们的线下门店来配送的。旗舰店的所有订单交给线下门店送货，按就近原则分配。门店周围的消费者如果去线上购物，旗舰店接单后再交给门店配送，给门店的不只是订单，还包括客户，并且利益上谁配送就归谁。线下门店没有货的再由总仓发货，但这个总仓也不是电商部的，而是公司的总仓。与此同时，在价格方面实行线上线下同价。这种方式，就把所有门店纳入配送体系中了。

线下门店备货有许多好处：电商大促完全按照整体的节奏进行即可，不用单独大规模备货；这种模式不会增加任何门店的成本，不需要特别的仓库，原来的备货仓库就行；也不需要增加配送队伍，借助第三方就行，门店就负责打包的工作，一个电话快递就过来了，其快速送达是门店仓配送与中心仓配送最大的区别。拉夏贝尔的"神速"物流已经成为店铺点评的特色。

拉夏贝尔通过打通线上线下，不仅让消费者在线上线下享受到同样的价格、物流服务，更重要的是把线上店的消费者还给线下店，这一方面解决了利益分配和资源协调；另一方面打通了订单、库存的信息数据。

打通线下门店，就是一个门店可以卖周围门店的货，这个店里没有，周围店里有，一样可以卖。所谓打通会员，就是各渠道的会员统一管理，门店可以沉淀客流了，这是O2O的标配之一。

拉夏贝尔很好地处理了利益分配、价格、商品、会员等方面的线上线下零售商普遍面对的问题，让消费者在线上线下享受到同样的价格、物流服务等，这在O2O模式的商业逻辑上已经没有任何问题了。事实上，能够用好线下门店资源的，才能最大限度地发挥传统零售企业的资源优势。

广告投放渠道数以百计，在选择渠道的时候应以效果为导向，而不是以流量为导向。在这方面，苹果产品在中国上市时，每一个阶段都选择了不同的渠道进行推广。

第一阶段，通过发掘产品优势，激发需求。为了让产品在上市前大量曝光预热，苹果结合客户画像和购买决策流程来选择的投放渠道，线下有地铁、公交广告、各大高校、CBD电梯间，线上有微信朋友圈、微博、爱奇艺开屏、腾讯新闻信息流等。

第二阶段，客户在看到广告后，部分死忠粉在第一阶段直接转化，部分观望中的客户产生需求，上网收集测评报告、购后评价等信息，以此来决定是否购买。此时，微博、朋友圈、知乎的大V、各大科技类论坛是投放渠道，因为这些渠道对口碑建设影响显著，因而成为产品前期阶段能否快速占领市场的重要部分。

第三阶段，客户通过多种模式与默认方案进行对比，在产生购买欲望后会进行相关搜索。于是，苹果在此阶段将官网+平台店铺作为占据全部流量的收口。

第四阶段，客户通过对比决定购买后，苹果通过官网或经销平台的文案设置及转化流程设置，来直接刺激转化。

第五阶段，口碑是最后的支撑，到了这个阶段，客户的口碑影响着最后一批购买客户。因此，在口碑传播阶段，引导客户自发评论转发、晒照，来直接激发更多潜在人群。

从苹果产品在中国上市的前期、中期、后期等阶段投放渠道可以看出，渠道投放是从客户调研、客户购买场景和购买决策流程等多个角度进行分析，从而做出决策的。网络推广方式有很多，零售商做网络推广能否收效，不在于利用了多少种方式，关键在于选择。苹果的做法说明，选择网络推广的方式是为了吸引目标客户，所以推广方式一定要精选一两种，集中精力、人力和财力重点突击。

总之，利用现代新技术实施的场景体验、线上线下结合、重点推广，有效地吸引了消费者。当然，除此之外，新技术还可以创新出很多吸客措施，比如为消费者量身定制个性化产品和服务、根据消费者的购买历史和偏好发送信息来提醒他们要经常性地与品牌联系等。无论哪种创新，都会吸引消费者前来体验参观，给消费者一个进店的理由。

4. 用技术手段与客户联结互动

现在的零售和未来的零售，都一定要在找到客户后联结客户，沟通客户，与客户互动。与客户建立联结并积极地互动可以带来很多价值，其重要的是可以改变企业与客户之间的关系，由以往的失联关系、弱关系，可以变成实时联结的关系，可以由弱关系逐步变成强关系。下面来看盒马生鲜的例子。

盒马生鲜（以下简称盒马）的成功，关键在于通过微信群与客户的有效联结与互动，这是“盒马模式”成功的重要秘密武器。其做法非常值得其他零售企业借鉴。盒马以店为单元，建立了若干个微信群，并成功地运营了若干个微信群。通过微信群，成功实现了拉新、黏性、复购、提升客户价值等一系列流量控制目标。每一个群类似有一个专职的群主，即小盒和小马。小盒和小马都是很有感觉的群主，会卖萌，话语亲切、甜甜的，处理问题很圆满。并且随时拉新，增加新群员，新群员在群的影响下会很快成为盒马的忠实会员。这种以店为单元的微信群可以有效增强沟通的直接效果。

盒马模式的重点就是首先实现了客户联结。盒马所做的全渠道、数字化营销，其前提就是建立起了一套联结客户的体系，也可以说，没有客户联结，盒马的创新都是做不了的，也就没有盒马模式。

与客户建立联结一般有技术手段、内容手段、社群手段这三大手段。不过从数字化改造的角度讲，技术手段是与客户建立联结的主要手段。用技术手段如APP、小程序、第三方支付等与客户建立联结，首先企业要完成客户注册，然后要建立客户账户体系。与客户建立联结可以与客户形成联结关系，并建立企业经营客户、管理客户的一套体系，并在此基础上运用相应的以经营客户价值为主体的客户管理体系。

零售店最迫切需要联结客户的技术，现实中许多企业在这方面都做了许多有益的尝试。例如，电商多点超市的商业模式的显著特点就是与技术相互结合非常紧密，尤其是在与会员联结方面的数据技术应用。多点Dmall的会员体系将客户的基础数据、消费数据、行为数据分为3个类别，每个类别下有十几个小类别。另一个开发的系统“美杜莎”以分钟级速度做提取和分类，将满足特定条件的客户自动分到相应的数据库里。多点的会员体系数据库现在有1000多个很小的子分类，每15分钟更新一次。除了“美杜莎”，多点还开发了引导系统“潘多拉”，向所有满足条件的客户推送门店活动，介绍关联商品或者送优惠券，根据其偏好在APP上推荐商品品类。

与客户建立联结关系后，互动是必不可少的，包括线上互动与店内互动。通过线上线下的积极互动沟通，以各种形式呈现信息，让客户可以全方位感受，并且可以参与其中，由此可以有效强化与客户之间的关系，全天候地和客户联结在一起。

线上互动的常用工具大多是基于微信平台的微信公众号、微信朋友圈、微商城、微信个性化交互工具等，有些店面也会开发APP。其互动常用形式主要有转发集赞、微信游戏、微信红包、点赞有奖、问答有奖、分享有礼、签到积分等。线上互动的形式多种多样，在此不再展开。不同的互动其效果也不一样，关键是互动活动的内容要能够抓住客户的心理，让客户觉得好玩、有意思、愿意分享，或者通过分享，客户能够得到一些实惠的东西。

线下互动要给客户留下深刻的购物体验，加深客户印象，让客户喜欢来店，给实体店增加人气，创造更多的现场销售机会。其互动常用形式主要有沙龙、照片墙、体验、手工制作等。有趣、有新意、有个性、有记忆度、有传播点的线下互动活动，能够产生更强的黏性关系，促进信任感，对零售有非常积极的作用。

5. 提供量身定制的个性化产品

为客户提供个性化的产品，是精准零售“智能、精准”这一核心思想的具体体现。零售业没有绝对必要的产品，只有那些被客户需要的产品。要提供量身定制的个性化产品，就需要做产品，即需要具备做产品的能力。

良品铺子做产品的能力很强，他们做产品有一个“产品+定论”观点，所有产品拿出来之后必须符合“产品+定论”标准：一是定人，即产品是卖给谁的；二是定时，即这个产品在什么时间、季节、节令里提供；三是定景，即对“购买决策场景、收获携带场景、赠送交接场景、加工场景、食用场景”等的预设；四是定质，质是质量标准，一定要考虑产品的质量标准是什么？基于质量标准，会引发出到底你的研发、生产需要什么样的安排？五是定规，即强调产品规格，比如，在线下门店，需要用周转箱进行配送，周转箱的长度和宽度有精准的比例；六是定组，即根据不同的品类进行群组的结合，如在门店陈列和摆放的位置有相近之处，有的是手抓包包装，有的是盒装、桶装、袋装，不同的群组规划，对最后摆放陈列的效果起到很重要的影响；七是定形，即确定产品的物理状态，蜂窝煤蛋糕之所以能火，就是因为它的形状；八是定名字，即到底给产品取什么名字；九是定价，即给产品定价；十是定销，即全渠道零售。

良品铺子所有产品都是围绕上述“产品+定论”来做的，包括了产品的受众、包装、样式、口感、摆放等这些决定产品成败的诸多因素。如果仔细分析不难发现，“产品+定论”提供的产品，解决了客户的痛点，满足了客户的需求，客户使用的频次高。事实上，良品铺子的零售业绩也证明了这一点。

零售业没有绝对必要的产品，只有被消费者需要的产品。只有提升“做产品”的能力，根据消费者的需求打造量身制定的个性化产品，才能精准地满足消费者的需求，获得理想的经济效益。

6. 让客户下定决心选择你

企业的目标明确了，企业的客户找到了，懂得用创新方法吸引客户了，企业与客户的联结互动体系建立起来了，也知道怎么做产品了，接下来的问题是，如何让客户感觉非你不可，下定决心选择你？为此，必须是从购买率、回购率和推荐率这几个方面入手。下面结合一些简单的例子来一一说明。

客户购买率，指的是在一定时间内购买产品客户与来访客户的比率。购买率的高低决定了店铺经营的成败，提高购买率对线上线下都是非常必要的。

线下店铺提高购买率，最有效的办法就是解决快速成交这个问题。一旦顾客对某件商品有兴趣或需求时，快速地促进购买并完成交易十分关键。因为在试用后，顾客还会左顾右盼，可能会到其他店，也可能打消购买决策，所以，在最短时间内让顾客买单是最关键的一关。为了快速成交，现在有些实体店已在实施缩短买单过程的方法，让店铺开单和买单的环节一体化。当然，要想快速成交，实体店店主尤其是店员必须懂得销售方法。除了促成快速成交，打造零售体验场景对线下店铺提高购买率具有重要意义，对此前面已经从各个方面进行了讨论，这里不再赘述。

线上店铺又该如何提高购买率？下面为大家介绍几种简单有效的方法：

一是登录页面要吸引人。提升购买率的关键因素之一是消费者对企业网站的登录页面感兴趣。苹果公司在登录页面上给访客展现了一个带有强烈视觉效果的动态画面，企业的产品特色及设计工艺都能得到体现，这对提升产品的购买率产生了良好的效果。

二是提供客户评论功能。目前，购物平台都能搭载第三方卖家的应用程序、扩展、插件、控件等，这能使静态的商品网页不断地向被客户更新评论的网页转化，从而提升购买率。Bazaarvoice 公司是为一些大型零售商提供用户网评服务的第三方评论服务供应商，曾为国际知名的电商平台百思买提供服务，百思买通过 Bazaarvoice 提供的服务把用户评论发表到 Google 产品页面，曾一度凭借评论在与电商巨头亚马逊的竞争中逆风翻盘。

三是推荐购物。亚马逊的"推荐购物表"能根据消费者在网上的浏览信息、购买记录、心愿清单等数据，在消费者再次浏览网站时将这个表展示在消费者的面前，从而使消费者购买这些产品的可能性大为提升。

四是挽回购物车放弃邮件。具体包括三个步骤：（1）邮件的内容中会向消费者展示被放弃的购物车中相关商品的图片信息；（2）购物平台能立即为消费者提供这些商品的打包发送服务；（3）即使消费者不再需要这些商品，购物平台也可以发送其他产品的链接，从而带动销量的提升。

五是通过广告推广实现引流。比如，消费者在某个购物平台上所注意到的产品，在QQ群的群通知推广栏中可以向消费者展示产品的功能。如今的微博、微信等社交媒体平台更是为企业通过广告推广实现引流提供了巨大的便利。

客户回购率，指的是企业的客户再购买的次数，反映了企业对客户的维护能力，以及客户对企业的忠实程度。客户回购率是建立在客户满意度基础之上的，若想提高客户回购率，就要不断提升客户满意度。提升客户满意度，增加客户回购率，也是提升店铺竞争力的关键！

线下店铺可以通过下面这些方法来提升客户满意度，增加客户回购率：一是营造消费氛围，力争为客户打造舒适、宜人的购物环境，比如突出店面特色、热情待客等；二是注重声誉累积，不断地维护好店铺口碑，比如对客户真情付出、不定期给客户送去惊喜等；三是从细节处改进服务质量，比如，商品陈列是否便利拿取、商场物品及设施等是否给客户带来麻烦和造成安全隐患等。

回购率也是影响线上店铺销量的一个重要方面。从一些业绩好的线上店铺的经验来看，做复购率最重要的就是做社群思维下的核心客户群。对于线上店铺来说，复购率要解决的问题，就是精准的客户画像下的客户群的需求痛点问题。只有深刻地摸透目标客户群的需求心理，才能真正地通过更好的产品满足客户需求，同时通过社群营销运营，创造源源不断的客户黏性，促进复购率的上升。至于操作细节方面，比如保持店铺商品的持续上新率、保持店铺活动和上新的预告、维系好老客户的关系等，都是可以采取的行之有效的方法。

客户推荐率，又称客户介绍率，指的是客户消费产品或服务后介绍他人消费的比例。推荐率的高低大致可以反映出店铺的口碑。做推荐的一般都是老客户，这里简单介绍几种线上线下都可以用的提升推荐率的方法：一是一定要组建一个老客户群，这样方便大家认识，可以在第一时间把店铺的一些优惠券或者优惠活动传递给别人。群中可以专门设置一些老客户的反馈活动，让老客户们可以深入感受到自己备受关注，进而，也乐意帮助各位介绍一些新客户。二是及时解决老客户的困惑，这样能够让老客户获得尊重，也能够打动老客户，如果老客户身边有朋友需要，他们也就会把该店铺链接或者是商品链接推送给朋友。三是开展老客户拉新送礼活动，如给带来拉新的老客户赠送相对应的礼品，这样老客户会十分乐意，转介绍率也就大大提高了。

第四章 C2C：未来精准零售的重要形式

C2C电子商务是建立在互联网功能极大完善和互联网极大普及基础之上的个人对个人的电子商务模式，C2C的未来模式是未来互联网的技术和理念与C2C的技术和理念的结合体。从这一点上来看，C2C模式的技术和理念与精准零售的技术和理念不谋而合，且有异曲同工之效，同时也可看出C2C是未来精准零售的重要形式。本章从C2C模式入手，着重论述了C2C及精准零售的本质及其品类、场景、内容、竞争力等核心问题。

第一节 C2C模式的显著特征与交易基本操作流程

电子商务模式是传统商务模式的网络化、电子化、虚拟化，是网络时代一种新型商业模式。C2C电子商务模式是指个人与个人之间的交易活动，具有很强的针对性，线上可以为买卖双方进行网上交易提供信息交流平台，线下亦可学习借鉴这种方式，针对走进店铺的顾客采取“面对面”式的、“点对点”式的、“一对一”式的服务。

1. C2C的显著特征：“一对一”的个人对个人

C2C电子商务（以下或称C2C电子商务、C2C模式、C2C）以互联网为主要营销手段，由商家或企业通过网站向客户提供商品和服务。因为中国有庞大的用户群作基础，所以，C2C电子商务在中国有很大的发展空间。目前国内著名的C2C网站有淘宝网、D客商城、易趣、百度有啊、衣联网、福步网、天猫、京东商城等。

C2C是消费者个人间的电子商务行为。比如，一个消费者有一台计算机想出售，通过网络进行交易，把它出售给另外一个消费者，此种交易类型就称为C2C电子商务。由于C2C模式是“点对点”的、“一对一”的交易活动，因而它的参与者众多，覆盖面广，交易产品种类和数量极其丰富，交易方式也十分灵活，能够广泛地吸引消费者。这些特征总结起来有以下几点：

一是辅助性特征。对于人们的日常活动来说，C2C 电子商务是一种互换有无，互相方便的一种买卖关系，可以辅助人们的正常购买行为。

二是节约性特征。C2C 电子商务的节约性体现在很多方面，诸如人与人沟通成本、货品展示成本、店面成本、商品折旧成本等。尤其是对生活资源的节约上，真正的 C2C 交易主要是二手商品，而对二手商品的再次利用本身就是对地球资源的节约，也是对有些人不当消费习惯的一种矫正。

三是繁杂性特征。无论 C2C 中消费者的信息，还是 C2C 上海量的虚拟商品信息，以及少量的消费者的言论评价信息，都说明了 C2C 的繁杂性。另外，C2C 交易形式的随意性和多元性也是其繁杂性的体现。

四是创造性特征。C2C 电子商务模式不是专业化的模式，而是广大消费者具有创意的交易形式。在 C2C 交易中，消费者可以选择复古朴拙的物物交换，也可以选择普通的议价交换，还可以选择刺激的拍卖方式，网络消费者完全可以选择任意一种交易方式。当然，消费者之间还可以创造出新的交易形式。

由于 C2C 模式具有上述特点，因而为运营带来了操作上的便利。第一，C2C 模式下，商家的市场范围和经营时间不受限制，并可以以低廉的价格销售商品，其经营方式也相对比较灵活。第二，C2C 交易平台为消费者与商家提供了电子化的支付平台和物流跟踪系统，任何职业的人在任何时间、任何地点都可以通过 C2C 电子商务平台完成商品销售。第三，通过 C2C 电子商务网站所提供的电子支付系统，消费者能快速准确地完成支付、结算，消费者可以降低支付时间，便捷了消费者的购物。第四，通过物流的跟踪系统，消费者可以随时了解自己所购买的商品的最新信息。

2. C2C 是个人对个人的精准零售

从理念和技术这两个方面来看，C2C 是个人对个人的精准零售：

从理念方面来看，人们开展 C2C 的主要目的是消费者之间的互通有无，互相方便。事实上，很多人的消费习惯是不适当甚至是奢侈的，尤其是对于旧物的重新利用更是不屑一顾，而地球的资源和环境正由于人们的消费无度而日益萎缩。没有 C2C，人们因地域限制而不能充分地实现互通有无。而有了 C2C 之后，这种地域上的空间限制被解除了，时间上也非常自由，人们有了充分的能力和方法实现互通有无，满足自己的需要。由此说明，C2C 是有效的工具和商务模式，可以帮助人们实现绿色经济和可持续发展。

在零售领域，很多人买东西属于冲动消费，以至于物无所值、物无所用，这既是人的主观上的“物欲”，也是客观上的资源浪费。精准零售的核心思想在于“精准”，它能够跨时空地精准对接人们的真实需求，节省了消费者购物和零售商方面的诸多成本，这与 C2C 的理念几乎完全一致。

从技术方面来看，C2C 模式下，商家利用电商平台（包括利用生产方平台、第三方平台及自建平台）从事电子商务，就无需占据实地空间和时间，与此同时，也可以利用平台将线下店铺的产品和服务信息传播推广。现实中，互联网公司联手传统企业的“互联网 +”，以及传统企业拥抱互联网的“+互联网”，他们的大量实践无不说明了这一点。而与商家相对应的消费者这一端，互联网这个技术手段也为他们带来了许多便利。消费者可以利用电商平台“隔屏”作出购物决策，并且有讨论产品价格的权利，让产品价格更有弹性。对于有明确目标的消费者，他们会受利益的驱动而频繁光顾 C2C；而那些没有明确目标的消费者，他们也肯花时间在 C2C 网站上看看有什么新奇的商品，有什么商品特别便宜，对于他们而言，这是一种很特别的休闲方式，如今 C2C 网站上存在不少这样的用户。

未来，网络的云计算和移动化对 C2C 影响也将愈来愈大。云计算能够降低消费者利用网络的成本和复杂度，数据存储可以放到变动不居的互联网上，而不需要容量庞大的磁盘；浏览器代替了传统的操作系统，这些都是云计算带来的便利，并将有利于激发人们使用互联网开展商务的兴趣和乐趣。网络的移动化就是通过移动的网络工具参与电子商务活动。这种移动的网络工具是建立在无线上网基础上的，这些移动的网络工具包括手机、PDA、掌上电脑及其他可以移动无线上网的工具。网络移动化趋势下的 C2C 对于渴望自由的消费者来说，消费者之间商务交易往来的自由度大大提高，技术支持下的 C2C 让消费者能够“无界”联系和交易，而这可以充分满足 C2C 交易的要求。

精准零售在技术方面与 C2C 的契合度更高，从实际效果来说，精准零售在技术上的可操作性更强，因为互联网、物联网、大数据、人工智能等现代新技术，为精准零售实现“及时、快速、精准地送达”提供了强有力的支撑。事实上，我们已经了解到或亲身体验到了精准零售所创新打造的无数线上线下零售场景，现实中其带给我们的便利及乐趣是难忘的。

3. C2C 交易基本操作流程

凡是交易都有卖出和买进，C2C 电子商务也有卖出和买进。下面就来具体看看。

C2C 电子商务的卖出按照卖家发布商品的方式不同，可分为以下两种类型：一是一口价交易，二是拍卖交易。

一口价交易的操作流程：（1）买家进入系统后，搜索自己所需的产品，并浏览该商品，选择一口价的商品后，立刻购买。然后通过支付平台付款，但在付款时需注意该支付平台账户必须有足够的钱。（2）卖家在买家下订单后发货，找到买家购买商品的订单，选择合适的物流公司进行发货，发货方式一般有三种：一是选择网站推荐的物流公司；二是自己联系物流公司；三是不需要物流公司。（3）买家确认收货。买家输入支付平台支付密码，确认收货。这样一口价的交易就完成了。（4）交易完成后，卖家买家双方互相评分。

拍卖交易的操作流程：（1）卖家以拍卖方式发布多个商品，然后上架。（2）买家查看拍卖的商品。拍卖分为单拍和多拍，单拍即多人竞拍一个商品，最后谁的价格高，谁将获得商品，多拍即荷兰式拍卖，即拍卖标的的竞价由高到低依次递减，直到第一个竞买人达到或超过底价时击槌成交。（3）买家出价，付款。（4）卖家发货。（5）买家确认收货。

C2C 电子商务的买进一般指的是购物，网上有不少 C2C 网站，其购物流程都大同小异。这里以淘宝网为例来看看购物操作流程。淘宝网的购物流程分为四个步骤，即搜索、联系卖家、购买和评价。下面介绍一下这四个步骤的具体操作方法。

在搜索步骤中有以下几种操作方法：（1）明确搜索词。在搜索框中输入要搜索的宝贝店铺名称，然后点击“回车”或单击“搜索”按钮即可得到相关资料。（2）用好分类。许多搜索框的后面都有下拉菜单，有宝贝的分类、限定的时间等选项，用鼠标轻轻一点，就不会混淆分类了。（3）精确搜索。这种搜索有两种方式，一是使用双引号。比如，搜索“佳能相机”，它只会返回网页中有“佳能相机”这四个字连在一起的商品，而不会返回诸如“佳能IXUSI5专用数码相机包”（此处引号为英文的引号）之类的商品。二是使用加减号。在两个词语间用加号，意味着准确搜索包含这两个词的内容；相反，使用减号意味着避免搜索减号后面的那个词。（4）不必担心大小写。淘宝的搜索功能不区分英文字母大小写，无论输入大写还是小写字母都可以得到相同的搜索结果，因此可以放心搜索。

在联系卖家步骤中有以下几种操作方法：（1）发站内信件给卖家，可以询问卖家关于商品的细节、数量等问题，也可以试探地询问是否能有折扣。（2）给卖家留言。每件商品的下方都有一个空白框，在这里写上你要问卖家的问题。请注意，这条留言和答复只有卖家回复之后才能显示出来。因为这里显示的信息所有人都能看到，因此建议不要在这里公开自己的手机号码、邮寄地址等私人信息。（3）利用不同网站支持的不同的聊天工具，尽量直接找到卖家进行沟通。（4）当你和卖家达成共识后，那就购买吧！评价是最后一个步骤。当你拿到商品之后，可以向卖家确认你已经收货，然后对卖家的服务做出评价，这是你的权利！如果对商品很不满意，可以申请退货，或者是换货，退、换货细节方面请与卖家联系。

网购的 C2C 买进流程大致如上。

C2C 网站的买进流程虽然不是很复杂，但有一些具体的交易细节不能忽视。第一，所有的 C2C 网站用户首先需要进行注册，登录 C2C 电子商务网站注册页面填写注册信息。对于卖家则必须通过实名认证并且发布 10 件以上的宝贝，才可以在淘宝上免费开店。移动淘宝为卖家免费提供电子店铺主页、橱窗位等以供展示商品。用户还可以参加各种促销活动。第二，在 C2C 网站上，卖家只有通过个人实名认证和支付宝认证，发布的宝贝才可以被买家看到。卖方发布商品可在 PC 机终端上完成，也可通过手机完成。淘宝有自己的投诉机制，对炒作信用度，哄抬价格，知识产权侵权等恶性行为进行惩戒。如果会员被投诉或者被举报信用炒作，该被投诉或被举报会员应提供相应的凭证证实自己的交易是真实有效的，以供淘宝核实，对于有炒作信用度行为的账户，淘宝亦有权视情节对该账户做永久冻结处理。第三，沟通的记录可以保存起来。以备在发生欺诈行为时作为举证之用。第四，“支付宝钱包”是淘宝网公司为了解决移动网络交易安全所开发的一个软件，该软件为首先使用的“第三方担保交易模式”。目前，支付宝已经非常普及，不仅是作为淘宝支付的中介，也是理财的一个渠道。现在诸多商业银行的手机银行服务中可增加一种与支付宝类似的信用中介的代收代转的安全保障功能，便可轻松地实现更为方便、安全的移动支付。

第二节

C2C 不是“拉人头”，不是人脉变现

C2C 电子商务离不开社交，社交为 C2C 赋能已是事实。但现在有的人有一个误区，认为 C2C 就是通过社交“拉人头”，就是让人脉直接变现。其实，模式是好模式，关键是什么人在用，或者说怎么用。C2C 电子商务是以平台的方式通过社交媒介为人们提供互通有无的服务，基于这一点，我们有理由为 C2C 正名！

1. 熟人之间的信任关系，能降低沟通和交易成本

C2C 模式之所以能够促成交易，“信任”二字至关重要，并且金额越大则需要的信任程度越高。尤其是熟人之间的信任，能够降低沟通成本和交易成本，有助于促成交易成功。

信任能够降低沟通和交易成本、提升交易速度，从而为信任的相关方创造共同效益。如果买卖双方存在信任，可能都不用和对方过多地说什么，直接就能成交了。比如，一个人听说小区里的某人在做平台，卖的是水果和生鲜，他去这个平台买水果、买生鲜，靠的就是小区里面邻里关系之间的信任，到这个平台直接买回来，而并没有和做平台的这个人讨价还价或进行其他沟通。但如果买卖双方仅仅只是打过几次招呼，

尚未建立起信任，那么就会在决策时犹豫，尤其是买方，甚至最后的结果就是不打算购买；即使购买，也很可能在交易过程中问对方各种问题，比如会问发什么物流、产品坏了怎么办、能不能优惠等。

总之，C2C 模式的成功，信任是基础。而具备天然信任的熟人关系，可以你相信我，我信任你，借助熟人间的信任关系，可以降低沟通成本和交易成本，有助于促成交易的最后成功。

2. 社交中的熟人推荐，不见得就是熟人间的交易

零售的本质是性价比，涉及选品、便利、品质及体验等因素。零售的性价比不是社交直接带来的，而是零售本身自己打造出来的，社交只是信息传播的一种方式。零售与社交结合在一起，后者起到的只是媒介作用。事实上，社交一直以来都是人的固有属性，其中蕴含的商业价值是毋庸置疑的，人与人之间的社交价值，不论是线上互动还是线下场景，都隐藏着无限流量。基于社交属性的 C2C 电子商务直面消费终端，掌握海量用户购买路径和习惯数据，加上覆盖群体广泛等特征，蕴含着巨大的媒体价值。这种媒体价值被开发出来，在让“人”发挥出最大价值的同时，C2C 本身也成为品牌与用户之间最快的建交模式。

C2C 电子商务在微信等社交渠道中采取熟人推荐的方式，其实是发挥了“熟人效应”。俗话说“熟人好办事”，这种观念已经在中国人的思想中根深蒂固了。在这种人情观念下，C2C 其实是利用了人们的这种心理，通过“熟人”来做生意。当然，顾客也更喜欢通过“熟人”的介绍来买东西，很多时候，基于信任熟人的介绍去购买他们所需的产品，买卖双方都比较省心，也更容易促成交易。所以，C2C 利用“熟

人效应”不仅可以提高营业额，而且能让更多的“陌生人”变成“熟人”，从而建立起广泛的人脉网络。

总之，C2C电子商务通过熟人推荐促成成交，未必就是熟人与熟人之间的直接交易，只是因为熟人之间互相会比较信任，少了很多的猜忌和质疑。一句话：熟人推荐只是促成交易的途径和方式。

第三节 C2C体现精准零售的本质——触发式购物

影响顾客购物的因素有很多，每一个因素都相当于一个“点”。在实践中，如果能通过场景设计来引爆顾客的主要触发点，就能促使他做出购买决策并进行购买。根据我们已经讨论过的对C2C电子商务和精准零售的理念及技术特征的认知，可以认为，C2C电子商务在一定程度上体现了精准零售的精准触发本质。这个结论，将在本节接下来的“精准对接助力触发式购物”和“购物场景中的触发式购物”两个议题中进一步论证。

1. 精准对接助力触发式购物

传统零售时代，是人跟货走，货跟场走的。顾客要买商品，就要去看这个商品在哪个店里面有卖，这是人跟货走；商品只能在固定的店里卖，这是货跟场走。这样一来，人、货、场三者之间的关系是非常割裂的。那个时候，顾客看到卖场的门面后走进去，门面就是引导顾客的“媒介”。

电商时代，场变成了大家的手机，变成了很多的社交媒体，诸如社交网站、微博、微信、博客、论坛、播客等，商品在这个“场”中向人们展现出来，这是货去找人。

C2C 电子商务的“一对一”和精准零售的“点对点”，其最核心的就是通过技术手段实现了精准对接，这是新技术支持下的“精准”方式，将零售历来关注的人、场、货都包含在其中了。

如果把影响顾客购物的因素比作一个个“点”，那么引爆顾客的主要触发点就能促使他作出购买决策并付诸行动。触发点因素，就是促使客户转化的吸引因素，这是触发式购物的主旨所在。而 C2C 电子商务和精准零售都具有精准对接的功能，这为实现触发式购物提供了无限可能。

这种可能性，正是下面这个议题的题中之义。

2. 购物场景中的触发式购物

影响顾客购物的因素有很多，每一个因素都相当于一个“点”。比如，一位顾客购买蛋糕的触发点可以是这样的：在官网上看到了蛋糕宣传图片和文字介绍；他的朋友购买过，感觉不错，然后向他介绍；蛋糕刚刚出炉时他正好路过……实践中，如果能根据数据提供的用户画像设计出这位顾客的上述场景，那么就很容易引爆他的触发点，从而促使他做出购买决策并进行购买。这就是通过购物场景来实现的触发式购物。

设计出一个具有触发式购物功能的购物场景，数据分析方面的用户画像和店铺的环境，都是至关重要的因素。先来看一个例子：

一天有一位女士，心情不太好，于是她就想，自己今天一定要花钱买东西，因为这样自己会很开心。但是，她并不知道自己要买什么，于是就决定出去逛街。她的这种逛街原本只是想走一走、看一看，可不知不觉地走进了自己经常来的一家服装超市。在超市逛的过程中，她忽然看见一款裙子特别好看，是个非常著名的品牌，大有眼前一亮的感觉，她自己非常喜欢这个款式。这时，超市导购发现了她，就快速近前给她热情服务……最终，这位女士走近柜台开了单，买了这件自己非常满意的大牌裙子！

这种情况在网店和实体店都经常发生。其实，在这位女士逛街的时候，就已经不知不觉地被场景触发了。这是一种很典型的通过场景去触发购物的例子。那究竟是怎么触发的呢？

原来，裙子品牌的设计者早就从大数据提供的用户画像中知道了这位女士这一类人群的消费特征，这个款式正是为了迎合这一类人的喜好而设计的，以至于让她“眼前一亮”。除此之外，这家服装超市的店铺位置、装潢、商品摆放，以及导购的热情服务，都是方圆数百米之内一流的，而超市内的其他设施更是非同一般的，给人的购物体验更是不同凡响……由此可见，正是品牌与商超打造的触发式购物场景，才打动了这位女士，从而实现了精准对接。

再如下面这两个例子。“怕上火就喝王老吉”这句广告语用的也是触发式购物。王老吉的使用场景就是去火，当你上火的时候，你想到的可能就不是祛热药，而是喝王老吉。“送长辈，黄金酒”这个广告设计也是场景化的，它让黄金酒的产品场景定位很清晰。当你去超市买一瓶酒给自己喝的时候，很少会有人买黄金酒。但当你买酒送给长辈的时候，你极有可能购买黄金酒了。

什么是触发式购物？所谓触发式购物，就是根据数据提供的用户画像，针对影响顾客购买的主要吸引因素进行量化式触发，以引发顾客做出购买决策并付诸实施。

最后，要明确指出的是，量化式触发必须基于数据提供的用户画像来进行。如果某个影响因素所需要的用户画像数据库里并不存在，那么这样的量化是没有意义的。假设你的数据库里面没有用于判断客户家庭、身份等的相关数据，那么你就不能把这个影响因素用于你的分析，更遑论量化式触发了。

第四节 C2C 精准零售必过四道坎：品牌、场景、内容、竞争力

做零售是一条艰辛的路，在这个领域里面做得特别好的但又不走寻常路的从业者，其实他们都跨过了许多障碍。技术优势、商业模式的差异化优势不是真正的壁垒，这些往往只能为从业者创造一个机会窗口。C2C 虽然有差异化的商业模式的优势、精准零售虽然有技术及操作的优势，但要实现精准对接，同样也会跨过许多障碍，而品牌认同、场景体验、内容有料、有竞争力是必过的四道坎儿。

1. 品牌认同：通过特定的吸引力唤起认同

品牌可以唤起消费者内心的价值观和信仰，它是每一个消费者能够前来消费的核心动力。无论是产品品牌还是服务品牌，品牌建设的这个作用和意义同样适用于 C2C 和精准零售。

所谓品牌认同，就是让品牌具有直抵人心的力量，能触动人内心的深处，产生共情，唤起认同。品牌认同的最高境界就是塑造一种特定的吸引力，这种吸引力能够鼓励公众对企业的产品、服务、标识等产生积极的印象。

事实上，创造特定的吸引力，离不开品牌战略、品牌定位、核心价值观、内容建设、企业领导形象与魅力、品牌推广传播等许多方面和环节。比如下面这些例子：

苹果公司将 IT 技术与实际应用完美结合起来，其伟大的创新诠释了现代技术。这体现了品牌定位。同时，人们崇拜乔布斯，是因为他伟大的创新、澎湃的激情和对事业的热爱。这体现了企业的领导者。

小米的营销有三个战术，即开放参与节点、设计互动方式、扩散口碑事件，小米以这三个战术来调动粉丝的参与感，实现了价值认同和主动扩散的目标。这体现了品牌战略与执行。

耐克的“Just Do It！”这句广告语就像一条纽带，联结了品牌与消费者之间的关系，让被循规蹈矩的生活推着走的人们感受到了力量。这体现了品牌价值观。

爱马仕的一贯宗旨是让所有的产品至精至美、无可挑剔，永远忠于手工艺精神。爱马仕的每一条丝巾从设计到制作都要花两年时间，坚持手工上色，手工缝边，让每一条都有属于自己的故事。正是凭着这种细节和坚持，爱马仕才赢得了人心。这体现了品牌核心价值观。

再来看看马云和刘强东的例子。马云曾在澳大利亚纽卡斯尔大学讲到少年时代的马云和纽卡斯尔的电气工程师肯·莫利一家的故事，这个故事让听者特别感慨马云少年时代的成长，感慨马云少年时代的际遇，感慨马云感恩的心，而一贯敏感的网友也认为这一次马云并没有追求其商业目的和可能的利益。刘强东曾在中央电视台二套推出的纪实财经人物纪录片《遇见大咖》中说自己是个脸盲，根本就分不清楚谁漂亮不漂亮，他跟妻子章泽天在一起不是因为她漂亮，因为自己根本就不知道她漂不漂亮。这些“脸盲”的话当时刷了几天头条之后，其公关团队立即开始了另外一个故事模式，就是通过各个财经媒体讲刘强东的创业故事，标题为《自嘲是脸盲的刘强东，凭这些从农村少年走向了成功》，里面讲了刘强东小时候的故事，也讲了某个时间京东濒临倒闭刘强东一夜白头等。马云的故事唤起的是人们对成功人士人生际遇的兴趣，对烦躁不安的世界中纯洁友谊的感慨。刘强东的故事唤起的是千千万万个奋斗的青年们的梦想和坚持的力量。马云和刘强东的故事体现了企业品牌推广，也体现了在企业家的形象和魅力。故事是灵魂的语言，只有这样的故事，才能拨动我们的心弦。

上述这些例子说明：通过创造特定的吸引力来占领消费者“心智”的过程，其实就是实现品牌认同的过程。C2C 和精准零售也要注重创造吸引力，在向消费者提供产品和服务的时候，在品牌定位、核心价值观、内容建设、企业领导形象与魅力、品牌推广传播等各个方面，创造出适合品牌特性并能唤起消费者内心价值观和信仰的吸引力，让特定的吸引力助力品牌认同，让占领消费者“心智”的品牌认同助力精准对接。

2. 场景体验：创造跟消费者生活息息相关的场景

场景是引导消费者前来消费最有效的手段，它的魅力在于能够为消费者提供最佳体验，让消费者流连忘返。比如，很多时候我们之所以被各种大V所影响，就是因为我们已经在大V为我们营造的场景当中了。例如，罗振宇的“罗辑思维”公众号卖书卖得特别好，但同样的书在淘宝网上卖却鲜有人买。到底是什么原因吸引消费者去购买？其实消费者购买的并不是书本身，而是对罗振宇本人的信任。很多人买书并不是因为自己觉得这本书的内容有多好，而是对罗振宇的认同，所以就买了这本书，因为罗振宇成功地营造了一个独有的消费场景。

场景体验是产品功能和连接属性的结合体，因此场景离不开衣食住行等生活要素，也离不开与消费者的联结。如果场景能够跟消费者的生活息息相关，那么它将具备拥有大规模用户和商业应用的可能，可见创造一个跟消费者的生活息息相关的场景至关重要。

位于鸟巢附近的全北京最大的格力产品体验馆，是格力产品最庞大的也最有利的线下体验场所。该体验馆为双层建筑，集洽谈、演示、体验、展示于一体。内部格局摆脱传统专卖店布局，采用高科技互动体验的形式展现格力企业文化，超大面积的LED显示屏播放轻松愉悦的音乐和美丽的画面，更有独特设计的实验区，参观者可以通过现场实验室透视产品的内在组成，了解产品细节和产品核心技术。格力产品体验区是格力最新产品、核心技术的集中体现。在这里，不仅有格力旗下众多品牌——格力空调、晶弘冰箱、TOSOT生活电器等系列强大豪华阵容的产品，更有双级增焓转子式变频压缩机技术、1HZ低频控制技术、超高效压缩技术等格力“国际领先”的核心技术的展示。倾力打造以实景展示的生动形式，实现虚拟效果到真实场景的跨越，通过在观、听、触等方面的感官体验，让消费者真实感受到自己“未来的家”和“未来的生活”。格力鸟巢体验馆还定期举行茶艺表演和品茶活动，并为消费者提供免费的家装设计服务。力求将其打造成集直观体验、生活灵感和一整套生活解决方案的新场所，为消费者带来全新的消费感受。

格力产品体验馆这个例子说明：营造跟消费者的生活息息相关的零售场景，让消费者提前感受商品的价值，刺激消费者大脑里的感性因素，先从场景化开始。

对于C2C和精准零售来说，根据不同产品和服务的不同特点，构建跟消费者的生活息息相关的各种“真实”场景，让消费者置身其中，充分体验产品或服务的功效，就可以提高消费者的消费欲望。

3. 内容有料：触及大众痛点，引发传播风暴

互联网经济的精髓其实只有四个字——内容为王，内容提供了渠道，帮助品牌传播，甚至可以说，内容就是营销本身。零售商宣传自己的产品和服务离不开内容，诸如文字、图片、视频等，这些都需要借助网络进行传播推广，而内容有料则是传播推广成功的重中之重。

有料的内容较容易触及大众的痛点，激发人的大脑中与之相关的区域，让人产生“代入感”，实现“角色转换”，从而引发传播风暴。在这方面，网红们传播的内容足资借鉴，其大致有以下几种类型的内容：

一是情感丰富的内容。人的情感可以是开心、难过、感动、同情、愤怒等。人们喜欢释放情感，但不一定喜欢表达，如果有人帮他们说出来，他们通常是愿意互动和支持的。例如，情感作家张嘉佳的睡前故事生动而深刻，他的《从你的全世界路过》这本书最开始就是他在自己的微博上写的。在深夜这样一个特殊的时间点，人们往往是思虑万千的，因此他的睡前故事才会引发大众共鸣。文章在微博上火了之后，这把火又“烧”到了图书市场、电影市场。

二是有价值的内容。有价值的内容俗称“干货”，即能够为网友提供切实有用的信息，触及了网友的切实需要，而网友也常常认为这样的内容能够给自己长知识，并且还会将这样的内容进行分享，这样就形成了二次传播甚至多次传播。如跑步正确姿势、PPT 的精美模板等内容，就是典型的干货。

三是新奇的内容。人们总是会对于独特新颖的内容多些关注，分享和传播这些内容，带给自己和他人一种“走在时代前端”的感觉。所谓的新奇内容不一定是从没听过的内容，而是从老生常谈中开辟新的视角，从而达到创新的目的。例如，网红“同道大叔”用独特的观点分析星座，火遍全网。星座这个话题已经不新鲜了，人们也对所谓的星座测试不再感冒，而“同道大叔”用有趣的漫画加上有趣的吐槽，使得这个话题重焕生机。

四是贴近生活的、接地气的内容。这方面的例子很多，例如，当王菲的小女儿在秒拍上传了一个王菲化妆台的小视频后，网友们一度热捧；网红邢晓瑶发布的一个叫“三分钟化妆五分钟出门”的视频，其背景很接地气，很多网红有偶像包袱，所以打了巨大的环形灯拍视频，而邢晓瑶的视频没有完美的灯光和布景，她丝毫不掩饰自己的皮肤缺点，穿着睡衣，背景是居家的客厅，反而让网友产生了共鸣。

抓准大众痛点，才能内容有料。那么什么是大众的痛点？大众痛点的心理是有规律可寻的，这里将营销达人李叫兽（原名李靖，公众号“李叫兽”作者）归纳的11个痛点心理引列如下，以为参考：补偿自己（在付出辛苦努力之后，我们往往想对自己好一点，补偿一下自己）；补偿他人（别人为自己付出太多，想补偿他人）；落后心理（不甘心落于人后，努力改变行为）；优越心理（让自己感到优于他人，并且可以值得炫耀）；择优心理（两个选择，哪个对自己更有利就会选择）；经验习得（不重复同样的失败或挫折，现在进行有利选择）；理想身份（“我也想成为你说的那样的人”）；回避身份（不想被看成是自己不想成为的那种人）；完型心理（不能因为差一点，就让之前付出的努力白费）；两难心理（两个选择都想要，如果两个都能获得就完美了）；一致性心理（认为自己的理念行为向来都是一致的）。

找到了大众痛点，接下来就是力争让内容有“画面感”。比如产品推广，与其描述使用产品的好处，不如直接告诉消费者在什么情况下会用到产品。也就是说，把产品放到使用场景这个“画面”里进行描述，比干巴巴地描述产品本身更有吸引力和说服力。这一点对于打造零售体验场景意义非凡，每一个零售商都要认真体会。

4. 有竞争力：重在把控品质、价格及服务

有竞争力是零售商能够长期做下去的最重要的底气，而提升竞争力，重要的是把控好品质、价格及服务这几个方面，因为它们是零售业的三个重要关口。

高品质就是产品的性价比高，涉及产品的各个方面，诸如稳定性强、用户体验好、具有可靠性、性能良好及感观舒服等。零售业做高质量的好产品就是“高质量发展”。

大润发在高端自有商品方面的开发投入一直没有松懈，甚至是在一些具有网红品质的自有商品上的开发投入。大润发自从成功打造体现高端品质的钻典品牌之后，已经推出钻典纯净水、钻典软糯香、钻典泰香米三款优秀的高端自有商品。其中，钻典软糯香是一款由引入中国台湾的协生质饲料，配合膳博士在黑猪品种和养殖上的尖端技术，联合开发的优质商品。这款协生质钻典黑猪对于大润发的意义，还远不止推出一款“好吃不贵”（大润发的产品口号）的高端肉品那么简单，而是一款注定从出生就带着不一样使命的网红商品。这是在大润发新零售拓展之路上，向商品力、品牌力、高净值人群圈层，拓展全新生鲜供应链体系的一次大胆而意义非凡的尝试。

一般情况下，消费者的需求往往与商品的价格高低成反比，价格上升则需求量减少，价格下降则需求量增加。好市多主动降低差价让利给消费者的做法，让我们看到了一个不一样的零售商。

好市多的经营之道是坚持“优质低价”，多年来一直在不断思索如何主动降低差价，让利给用户，将用户忠诚度视为最重要指标。通过会员费带来更多收入，扩大规模后能够以更低成本采购，降低差价等流程，形成了一个能自我循环的正反馈。也就是说，好市多的产品性价比越高，用户体验就越好，付费用户就会不断增加，同时再带来产品体验的提升。这也是为什么在互联网的冲击下，好市多依然能够持续增长的动能所在。

服务的好坏，是一个深层次驱动人心的问题。尤其是对于零售业来说，零售业是一个与顾客“高接触”的行业，以顾客为导向的经营观念决定了服务是零售经营活动的基本职能。好服务是零售业的核心竞争力。

苏宁目前正在实现以苏宁易购零售云、苏宁帮客家为代表的县镇市场的渠道下沉，向消费者提供一站式商品购物和服务体验。在苏宁整个物流体系的传导过程中，零售云是承接苏宁物流的县镇中转站，然后再通过苏宁帮客家完成“最后一公里”的配送和服务。虽说是“最后一公里”，但苏宁帮客家做的绝不仅仅是配送而已，它更多的是一种服务，包括物流配送、售后服务、产品体验在内的一系列服务。具体到操作层面苏宁帮客家提供包括“配、揽、装、修、销”在内的五位一体的服务体验，保证涵盖“最后一步”上的全方位服务。

总之，品质、价格、服务是零售业的三个重要关口，高品质的产品、合理的价格、优质的服务才是零售业商业本质的回归。

第五节 从淘宝看 C2C 的优缺点及发展趋势

在中国 C2C 市场，淘宝的市场份额超过 60%，京东商城、当当网、苏宁易购等都是网络购物的网站，而淘宝在 C2C 领域的领先地位暂时还没有人能够撼动，以至于淘宝成为了网购的代名词。本节内容参考并整合了业内人士和有关专家的观点，来分析淘宝 C2C 模式的优缺点及发展趋势，这可能更具有代表性和启示意义。

1. 淘宝网 C2C 的优缺点分析

C2C 是个人与个人之间的电子商务，消费者进入淘宝店铺进行购买，就是消费者和商家之间的交易，这就是 C2C。这种模式的优势主要体现在以下几个方面：

一是网民基数巨大。据《中国互联网发展报告 2018》发布的数据显示，中国的网民数量已经达到 7.72 亿。如此巨大的网民基数为 C2C 的发展奠定了坚实的基础。

二是免费提供服务。淘宝在 2010 年上线的时候宣布三年内不收取任何费用，用免费的手段直接将收费平台的用户大量吸引到淘宝上，同时淘宝靠阿里输血维持正常发展。

三是节约成本。C2C 网络平台节省成本，主要体现在：人与人沟通成本，货品展示成本，店面成本，商品折旧成本等。

四是支付优势。C2C 有比较好的交易平台和信用机制。现有支付宝、余额宝、中国工商银行储蓄卡、中国建设银行储蓄卡、花呗等，解决了网民网上交易的后顾之忧。

五是配套产业的发展。淘宝解决了物流问题，目前的快递公司已经能满足 C2C 市场的基本需求。淘宝还创建了独有的信用评价体系和第三方支付模式，降低了网络购物的风险，也解决了资金流的问题。此外，淘宝还与微软 HoloLens 合作，通过“混合现实”技术将超现实的未来购物体验付诸实践实现，在 2018 年 9 月的淘宝造物节上推出淘宝买啊新产品。2018 年 10 月，还将手机淘宝最新版本上线“小黑群”。

淘宝C2C作为我国乃至亚洲最大的C2C平台，它的创建不仅解决了人们对生活方面的各种要求，让人们在网上能买到很多日常买不到的东西，但同时人们也发现淘宝C2C的一些缺点。其主要体现在以下几个方面：

一是信誉问题。对大量信息的整合如果做得稍微差点，将致使用户不能获得有价值的信息，进而会降低用户的黏性。另外，由于产业链庞大，各个产业开发运营成本较高，维系产业链用户的成本较高，使得各平台之间通过加大广告投入来增强盈利，但这样致使广告的虚假性得不到有效的控制，进而损害用户的利益，进而影响用户的忠诚度。事实上，C2C引发的假货问题已经严重影响到了中国企业在世界的形象。

二是物流问题。物流公司员工暴力搬运快递货物不止一次地出现在报道中，这在某种程度上是一种隐患，会影响店铺商家的信誉。物流公司的另一个大问题是物流运输的速度，如果第三方物流出现拖单现象，直接影响了客户的心情，而商家的信誉也会进而受到影响。

三是监管问题。个人店主违法成本太低，而执法部门监管难度太高。值得高兴的是，我们已经看到了监管方面有新规出台：2019年1月1日，我国首部电商领域综合性法律《中华人民共和国电子商务法》（简称《电商法》）正式实施，自此，消费者保护力度与平台责任不断被加强，正式落地的自然人网店登记制度也将冲击淘宝等C2C电商平台。

2. 淘宝网 C2C 的发展趋势

目前淘宝网依然是电子商务的代名词，可想而知，淘宝网在电子商务上的影响力是巨大的。就淘宝网 C2C 的未来来看，主要有以下几个发展趋势：

一是产业融合的趋势。C2C 企业目前已经开始涉足代表网购未来趋势的 B2C 业务，如淘宝推出淘宝商城、百度提出 X2C（“X”针对合作伙伴，“C”针对用户）进军 B2C 领域等，这意味着 C2C 与 B2C 的“大融合时代”即将到来。另外一种融合方式是线上线下的相结合。C2C 领域一些行业领先的 B2C 企业，如当当网、京东商城等，从依托第三方物流，逐渐加大对自建物流的资金投入，已经在主要城市自建物流，向线下实体扩张。

二是数据的开发利用。直面消费终端的 C2C 购物网站掌握了海量用户购买路径和习惯数据，加上覆盖群体广泛等特征，其蕴含的巨大媒体价值被逐步释放和认可。比如，淘宝开放数据可利用平台流量间接获取利润，这是其未来拓展盈利平台的重要策略。

三是朝社区多元化方向发展。C2C 电子商务平台趋向于为用户提供更加完整的解决方案，最大限度地降低交易成本。即时通信、社区资源、搜索以及物流等都是降低交易成本的关键环节，以上诸多领域会逐步融入，盈利点的增加、盈利模式也一定会清晰起来。

第五章 体验转介绍：未来商业的主流

客户体验是客户进行转介绍的关键所在，转介绍的关键在于社群中的社交，这种社交可以引发社群裂变。事实上，基于转介绍的社群裂变对商业的影响是广泛而深刻的，未来商业将是一个客户在体验后转介绍给多个客户，然后再由每个客户复次传播，去转介绍给更多个客户。体验转介绍造成的客户几何式增长，将对商业模式创新及实现精准零售产生重要影响，线上线下零售商通过转介绍做精准零售也将有创新玩法。

第一节 客户体验后的转介绍与商业模式创新

企业的重要资产可以说就是客户，客户是商业模式的核心，所有企业的商业模式都是根据客户来制定的。事实上，客户体验后的转介绍所造成的几何式增长的客户群体，将对商业模式创新具有决定性意义。从发展的角度来看，基于大量客户创新设计商业模式，将会使企业变成一个新物种，整个行业的生态也将变成一个新的系统。

1. 转介绍的概念、方法及注意事项

转介绍的意思是说，企业为客户提供了一系列的产品和服务，当客户使用体验之后，如果效果很好，就可能帮企业介绍给他的朋友、亲戚等。这种转介绍是客户自己主动去做的。还有一种情况是，企业在客户使用和体验了自己提供的产品和服务后，请客户帮助企业介绍他认识的人也来使用体验。由于是使用者介绍来的客户，因而双方的信任度和签单率会高很多。

转介绍其实就是口碑传播。通过使用者的转介绍，可以扩大销售队伍，增加合作伙伴；提升公司知名度，给公司创造更多的业绩；增

强销售人员及企业与客户之间的黏性。

转介绍具有耗时少、成功率高、成本低等优点，是销售人员最好用的优质客户扩展手段，也是世界上最容易的销售方式。

那么，应该掌握哪些促成客户做转介绍的方法呢？促成客户做转介绍的方法有很多，这里介绍几种主要的方法和技巧供参考。

一是强化客户的意愿。提高客户意愿要从两个方面着手，首先是提高客户对销售方的信任度；其次是建立客户转介绍激励机制。信任度方面有三个维度，即信任销售人员、信任产品及销售方式和信任企业及品牌。其中最重要的是信任销售人员。客户很信任你，自然会有更多的机会给你介绍其他客户。至于激励机制，则简单易操作即可，比如，给客户小礼物或者一些折扣等。

二是引导客户做转介绍。引导方法可以分为三步，第一步是表达自己的真诚以获得认同；第二步是对自己的工作进行描述；第三步是相应地引导。引导其实是一种请求客户做转介绍的方式。比如，当确定了客户对产品服务满意时，不妨这样表达："我的工作呢，就是让咱们这样的客户用到我们专业的服务，您看能帮我介绍一下您身边的朋友吗？正好也让更多的客户享受我们的服务，给客户解决实际的问题。"一般通过这样的三步后，客户是不会直接拒绝的。当然，在引导中要注意采用客户可以接受的方式。

三是做好客户转介绍的后续工作，这同时也是与潜在客户接触的第一步。事实上，转介绍成功只是销售的开始，所以后续工作尤为重要。总的来说，在促成客户转介绍的过程中无论最后是否成功，都要及时真诚地表达感谢，为以后的合作奠定基础。

在做好客户转介绍的过程中，有些事情是必须注意的：

一是让客户满意。转介绍的本质是让客户感到满意。感到满意的客户会把快乐体验介绍给他们的朋友，并与他的朋友们分享。只要你能提供客户满意的服务，你就会得到其转介绍的机会。比如，产品服务比客户预期的还要好、诚挚地为客户服务等。

二是让客户在转介绍中得到的利益多一点，拟订客户服务计划。设计一个回馈客户的方案，是吸引更多客户转介绍的好方法。

三是不要轻视客户人脉的力量，不以客户消费多少论价值。诚挚地为客户服务，并且坚信得到转介绍是理所当然的事。

四是加强后期维护。在这方面，建立好客户档案是必需的。为了提升转介绍效果，分类是重要一环，这也是企业客户建档水平的高下区别。档案内容包括客户的姓名、性别、爱好、性格、年龄、生日、家庭情况、职业、收入情况、联系电话等。另外，要经常主动联络老客户，让老客户感觉到被尊重，同时让客户记住公司，并成为朋友。

2. 基于客户转介绍的商业模式创新

企业的重要资产可以说就是企业客户，客户是企业销售体系的重要组成部分。客户转介绍造成的客户人数几何式增长，无疑有助于企业解决开发客户、经营客户、维护客户这些企业一直关注和关心的问题，并据此规划出成功的商业模式，让客户为企业带来利润，让企业实现最大化的增值。

基于客户转介绍的商业模式创新，可以说有无限的可想象空间。比如，公司可以让老客户帮助转介绍新客户，也就是常说的“老带新”，甚至可以推出合作政策邀请老客户对你的企业入股。此外，如果你需要对外扩张，就可以在老客户群里寻找合适的代理商、加盟商等。

能做老带新的客户可以说是企业的“钢丝”，其客户资源价值是难以想象的，他们了解企业的业务，熟悉企业的产品，对企业也有足够的信任，甚至是企业的追随者。从这个角度来分析，如果他们想做这份事业，或者他们有钱来启动这个事业的话，就有很大可能是企业最合适的合作伙伴，成为企业的股东。企业一旦有了扩张计划，就可以在老客户群里寻找合适的代理商、加盟商，即直接从现有的客户中筛选出适合的客户资源，启动市场。这是最简单、最方便、成本也最低的市场扩张方案。

除了代理商商业模式和加盟商商业模式外，转介绍还可以创新出许多商业模式，诸如众筹商业模式、众包商业模式、会员制商业模式、电子商务商业模式、体验销售商业模式等。以其中的体验销售为例，该商业模式的基本逻辑是，一个产品或者服务的价值会因为提供了体验的机会而增加。体验销售模式被广泛地应用到任何行业，很多公司通过让客户体验，从而塑造了企业形象及产品的价值。例如，星巴克咖啡除了为客户提供多种咖啡、茶、点心等之外，还为客户提供一系列的附加服务。如免费的WiFi、轻松的音乐、舒适的座椅及环境等，通过让客户自己体验，从而增加了客户的黏性度，使其影响力越来越大，客户忠诚度越来越高，收入也不断增加。

第二节 客户体验后的转介绍与精准零售的实现

转介绍是客户体验后针对自己认识的特定人群所做的一种口碑式传播，精准零售是通过技术手段针对特定人群提供产品和服务。由此不难看出，转介绍为精准零售提供了目标群体，使精准零售得以实现；而精准零售可以使转介绍的结果最终落地，完成对特定人群的精准推送。从这个角度来说，转介绍与精准零售优势互补，相得益彰。

1. 转介绍能带来精准的用户流量

转介绍能够带来流量和体验，而且流量是精准流量，体验感是亲身体验，否则第一批用户再多，也不会产生二次消费或转介绍。事实上，流量和体验感也是产品和服务传播推广的两个重要核心。

转介绍永远是获得新客户的最佳渠道。下面让我们透过一些实例，来看看转介绍能带来的精准用户流量。

瑞幸咖啡（中国）有限公司（以下简称瑞幸咖啡）的小蓝杯品牌既做到了精准，又做到了粉丝级的流量获取。小蓝杯将极具消费张力的一线小白领作为目标人群，并通过转介绍的方式开拓更新客户群体。小蓝杯采用的是微信转发推广，送券、推荐新人都会获赠一杯，而且每天的推广语都不一样，赠送咖啡对现代都市人来说也是非常有面子的一件事。小蓝杯“开疆辟土”的秘诀是：客户体验后成功推荐新好友，新好友可以享受一杯免费的咖啡，推荐者自己也同样可以拥有一杯免费的咖啡，你好，我也好。这样的推广模式，形成了病毒式的传播。

在人人都是自媒体的互联网时代，转介绍传播可以吸引更多的曝光率，尤其是在眼球经济的大背景下，转介绍传播能获得源源不断的流量和新用户。正所谓“一生二,二生三,三生万物”，转介绍对获取精准用户流量的重要性不言而喻。

2. 分析潜在客户，明确特定人群

转介绍是客户自己体验后针对特定人群所做的一种口碑式传播，而转介绍的特定人群就是精准零售的特定人群，零售商可以针对特定人群将产品和服务“及时、快速、精准”地送达他们手中。那么，如何明确这个“特定人群”？

每个人身边都有志同道合的亲朋好友，他们都有消费需求。换句话说，他们都属于某种商品的潜在客户。因此，要明确“特定人群”，首先要了解哪些人属于潜在客户，然后挖掘并满足他们的需求，以促成他们帮你做转介绍。根据零售商通过转介绍实现成交的经验来看，能做转介绍的特定人群大致有以下四种类型。

一是利益交换型。这一类人很现实，需要你给他物质利益，如回扣或提成等。对待利益交换型的人，只要多和他沟通，给的好处能让他满意就可以为你做转介绍。

二是需求型。这一类人既不要荣誉也不要金钱，但他一定有事需要你帮忙，或者说是一种条件交换，否则他是不会给你做转介绍的。对待需求型的人，他有什么困难你就要积极地帮助解决，并且尽量去满足他提出来的要求。如果你帮他做的事令他很满意，那么他会感激你并记住你的，以后也会一直和你保持联系，只要你维持好这种关系，他会一直给你转介绍的。其实，无论是他帮你，还是你帮他，都是一种双赢，也容易最终达成协议。

三是表现型。这一类人自我优越感强，潜意识里希望走到哪里都能成为大家关注的焦点，比较喜欢表现自我，喜欢被别人恭维。对待表现型的人，最好的办法就是和他讲“你很重要，不能没有你”等，或者请他为公司出谋划策，请他讲你的销售技术方面还存在哪些缺陷，请他代表客户方发言等，这就调动了他的积极性，强化了他的优越感。总之，只要你多赞美他，让他去表现，就会有意外收获。

四是友谊型。这一类人在感情和利益面前更看重感情，一般不会轻易帮任何人转介绍，即使做了，纯粹是出于朋友之间的关系给你帮忙，并且他也只有遇到合适的人才把这个人转介绍给你。对待友谊型的人你一定要非常用心地和他做朋友，打感情牌。只要感情到位，他们一旦帮你转介绍，必定都是非常优质的客户，一定要维护好。如定期回访，找客户聊天，谈谈工作，谈谈生活，关心一下客户使用产品的情况等。

确定特定人群关键是把握不同客户的心理，按照不同客户的不同心理制造一些“高锚点”的营销方式。这不仅是发展转介绍客户的方法，也是精准零售的重要方法。

第三节 维护老客户继续转介绍的七大技巧

零售领域常提起老客户，新产品破冰老客户是最有力最强大的主力军，日常店铺的转化率更是有老客户的功劳。老客户得到过我们优质的产品和服务，在他们的心目中，我们自然是可以信赖的品牌，因此他们才肯转介绍，而他们的转介绍能够帮助零售商进行精准零售。所以，我们要重视老客户服务与维护，并提升老客户转介绍率。本节和大家谈一谈老客户维护的七大核心技巧。只要坚持用心按照这些建议去做，就一定会收获不菲的业绩。

1. 客户转介绍，服务很重要

服务是零售业的主题。作为一个现代零售企业，在售前服务、售中服务和售后服务等一系列的服务活动中，不能仅局限于商品的销售，还应该提供综合性服务。尤其应该特别注重以下几个方面的服务。

一是注重情感服务，实现顾客让渡价值。当顾客感觉他所得到的总价值大于总费用时，就会对购买给予较高的评价。顾客所得到的总价值有些是无法衡量的，是人们的心理感受或抽象的情感。这就要求零售商综合运用情感服务来影响顾客心理感知。

二是注重商品以外的附加服务竞争。消费者通过购买商品不仅要求获得商品的使用价值，更注重商品的品牌、包装、款式、特点等商品以外的服务。零售商开展商品以外的服务，除了售前、售中、售后服务以及技术性和知识性服务等高级服务外，还要突出企业的文化氛围，以创造和适应消费者的文化品位和个性化的需求。

三是开展全员式全过程的服务。现代零售是全员式的销售，企业所有与顾客接触的员工都是销售人员，包括商场的营业员、清扫员、收银员、寄存人员、导购员等。人员已经被消费者看作商品的一部分，这些人员服务的水平、仪容仪表、技能、服务态度等直接反映零售企业的服务质量。因此，开展全员式全过程的服务是满足消费者各方面需求的必要举措。

总之，服务是零售业的主题，也是促成客户转介绍的一个前提性条件。只有让客户享受到满意的服务，才有可能为你转介绍。

2. 切忌以貌取人

零售商切忌以貌取人，不能以穿着档次来判断客户的消费能力。虽然多数人以穿着打扮来判断客户的消费能力，但请记住，富有的客户往往是最低调的，而且衣着普通的人更容易接受沟通。

其实，以貌取人是功利心的表现。有的零售商喜欢挑选顾客，比如，看到一个骑着电瓶车的顾客就不愿意接待，看到开豪车的急切上前客套，其最终的结果自然是成交量上不去。作为一个有职业素养的现代零售商，必须消除高低贵贱的“人等”意识，彻底摒弃功利之心，一视同仁地善待每一位顾客。

以貌取人不仅会伤了顾客的心，而且自己的业绩也上不去，更别提顾客为你转介绍了。因此，作为一名合格的零售商，必须养成重视销售中遇见的每一个人的好习惯。如果你能坚持做到这一点，你的业绩一定会直线提升，你的客户也一定会越来越多。

3. 学会赞美客户

赞美是人类沟通的润滑剂，它会拉近人与人彼此间的距离，对于零售来说尤其如此。零售商在跟客户沟通时，适当地赞美客户，不仅可以拉近与客户之间的距离，还能给客户留下好印象。

赞美客户一定要适度，要根据客户的具体情况来有针对性地赞美，这样不仅会让客户感觉到你对他的重视，还能让客户感觉到你懂他。为此，赞美客户时要遵循这样几个原则：一是赞美一定要真诚，要发自内心，要让人体会到你是在由衷地赞美他，是从心底发出来的，而不是在做秀；二是赞美要围绕客户，即能够发现客户身上的赞美点，并且具体地表达出来；三是赞美一定要符合当时的场合和气氛；四是赞美之词在一个人身上不能重复使用，否则你的赞美就会贬值，客户会认为你这不是赞美他，而是拿他取笑。

总之，零售商要懂得赞美客户，更要学会适度、适当地赞美，这样才能收到最佳效果。

4. 经营客户的朋友圈

要想让自己的客户越来越多，经营好朋友圈是必须要做的一件事。那么如何经营朋友圈呢？一个零售商的朋友圈应该是这样经营的——

第一，在朋友圈发客户见证、代理见证、收款截图等。在朋友圈发客户见证，别人容易相信，一个客户见证，胜过自己的千言万语。建议零售商随时储备10个客户案例或代理案例收藏在微信相册里，方便随时调用。一旦有潜在客户感兴趣，你就能把这个素材调出来，沟通时用实际证据来说服对方。发收款截图表明你已经成功地完成了交易，这是你能力的具体体现。

第二，发互动话题。除了给潜在客户评论、点赞、私聊，还可以在朋友圈发起一些互动话题。互动话题不仅可以顺便推荐产品，还可以发现很多潜在客户。毕竟，想做好零售，就必须先搞定足够多的潜在客户。

第三，给客户分享价值。朋友圈是一个即时阅读场景，大家需要简单直接的内容。所以，最恰当的方式就是发现一点、分享一点。很多朋友圈根据客户类别设置不同分组，将客户分组以利于分享不同类型的价值点。

第四，发真实生活场景照片。每一个人其实都是真实的、感情丰富的。所以，适当地晒出自己的日常生活，能建立真实感，自然接地气，更顺利地建立信任。比如，旅行度假、人际关系、家庭生活、业余爱好等。当然，真实场景并不等于随意分享，还是要用心做一些策划设计。

第五，发工作小视频。销售的日常工作肯定与客户和产品服务分不开，比如，自己试用、发货、送货、与客户面谈当地，这些都可以拍成小视频分享出来。发小视频可以成为零售加分项，其加分点在于生动真实，全方位提供视觉、听觉和感觉刺激，比单纯的图片更加可信，让客户对你的信任感倍增。

第六，借人借势。零售商在经营客户时也要善于借助名人和趋势，给自己造势。例如，你在参加一场行业活动时见到一些大咖或者有影响力的人物，这时就应该主动争取握个手，合个影，多交流一会儿更好，然后把照片或谈话的核心重点发到朋友圈，这就是造势。这种方式不仅让人印象深刻，而且让人感觉正规、靠谱、有活力。

最后提醒注意的是：朋友圈的本质是朋友和互动，因此多为别人着想，多站在对方角度提供价值设计，才是根本。

5. 提供满意的售后服务

售后服务与售前服务、售中服务同等重要。售后服务就是售后的跟进，如果客户出现了售后问题，不要觉得麻烦，要尽快帮客户解决。就算当时解决不了，但是你要有一个及时回复，积极跟进的态度，表示自己的重视，让客户放心。做好售后服务，不仅能提升公司形象，还能获得转介绍机会，从而拓展客源，将潜在客户转化为成交客户。

售后是直接决定老客户复购及转介绍率的重要环节，需要掌握一定的方法和技巧。售后服务的方法一般包括拜访、书信问候、馈赠礼品、关心客户经营、关心客户子女教育、关心客户健康、帮助客户解决问题等。技巧方面可以有很多创新，比如，贴近需求的面谈交流、电话沟通、联谊聚会、休闲娱乐等，保持联络的提醒、问候、安慰、感谢、祝福、忠告、帮助、支持等。只要用心去做，就一定能想出很多办法，让客户满意并将你的产品和服务介绍给他人。

想要成功，就请正视售后服务的作用，做好售后服务工作，这是获得转介绍机会必须掌握的要务。

6. 与客户保持联系

与客户保持联系属于售后服务范畴，这里单列一题进行讨论，是因为它对于转介绍来说非常重要。事实上，与客户保持联系可以动态掌握客户在使用产品后是否转介绍给他人的一些具体情况，这对于你后续产品配置、销售策略乃至团队建设等方面来说都是十分必要的。

与客户保持联系主要应该做到三点：平时送问候、节时送祝福、适时送礼品。

平时送问候：不论是用微信、电话、短信，还是QQ、邮件等方式，每个星期要与重要客户至少有一次以上的联系，表达我们对客户的问候。

节时送祝福：要坚持重要节日给重点客户发短信息，比如，在春节、元宵节或是中秋节给所有重点客户逐一发送祝福信息。

适时送礼品：当公司有礼品可以赠送时，要及时将礼品赠送给客户。我们也可以选择适当时机自掏腰包，赠送客户一些礼品，比如，客户或家人生日时，客户家里有喜事时。适当的时机，赠送恰当的礼品，会让客户有更好的服务感受。

与客户保持联系是客户转介绍的进攻招式，它既能让客户感受到被尊重和重视，又能让客户与你的关系更加亲密，对你更加信任。有了客户对你人品的认可，何愁客户不介绍客户给你呢？

7. 别忘了节假日问候

节假日是零售商与客户增加感情的好机会，因此节假日的问候不能忽视，不要忘记。比如，通过拜年，在寒暄之后，送上新年礼物、拜年红包等。这种方法简单、直接、实惠，且容易操作。也可通过春节聚会的方式，介绍公司及产品的优势，促使老客户介绍新客户。

在节假日我们要多发一些问候的短信给客户。但要注意的是，千篇一律的套路短信还不如不发！怎样才能合理有效地发送节假日短信？首先是真诚，一旦你拿出真诚劲儿，你就会发现，即使看起来无话可说的时候，也能写出有趣的短信。其次是短信要率真、温暖、轻松，饱含人文关怀。另外，发的时间也很重要，不要选择晚上 12 点短信轰炸的时候，尽量避免高峰期，比如年前或者初二、初三该发的拜年短信都发的差不多了，这个时候发给客户是个不错的日子。还有就是不要群发，要具体署名，以表示自己对客户的重视。

第四节 线下实体店通过客户转介绍实现精准零售的九点建议

有一种说法认为，每个客户后面都有250个客户，假如你能服务好这一个人，那么这个人最少给你带来250个新客户。这句话虽然未必全然属实，但每个人背后都有一张关系网却是真的。现实中，最困扰实体店店主的就是“客源”问题，这里给出的九点建议，旨在帮助实体店促成客户转介绍，实现拓客增客，从而解除烦恼。

1. 建议一：懂得感恩，才能获得转介绍机会

从人的心理学角度来说，要是人家给我们什么好处，我们通常都会想着如何回报，这是每个人都会有的一种感恩图报的心理。

越懂感恩的人越让人喜欢。比如，当客户确定购买产品并给你转账的时候，不妨先不收钱，可以先发一个感恩红包给客户，红包多少没有关系，关键在于这个动作。客户会对你印象深刻，并且会觉得你是一个懂得感恩的人，从而愿意与你交朋友。

感恩之人离财富最近。感恩回馈给了我们很多与客户建立关系、拉近感情的机会，也就有了转介绍的机会。

2. 建议二：回访客户，增进客户满意度和认可度

对购买了产品的客户，一定要选择一个合适的时间进行回访，询问客户使用产品的感受，以进一步增进客户对你的满意度和认可度。

有些零售商会觉得回访客户没什么大用处，客户也说不出什么感受，这看似客户不上心，实则是这些零售商自己不上心。不懂得如何回访客户，不懂得如何引导客户说出产品使用的感受，时间长了，客户也就不想买你的产品了，也就不可能转介绍。客户回访是促成转介绍的一种有效手段。

回访时如果掌握了一定技巧的话，回访的成功率会高出很多。比如，当面回访时，要准备好笔和笔记本，用来记录回访过程中收集到的客户意见或建议，能及时给予解答的一定要耐心、详细地解答，不能解答的务必告诉客户什么时候答复客户，必要时可以安排人员上门服务等。除了当面回访，还有电话回访、短信回访等。总之，无论是用什么方式，做回访时一定要注意技巧，同时要注意细节。

3. 建议三：优化体验场景，引导客户消费

体验对于转介绍的作用不可小觑。事实上，线上店与线下店会越来越走向融合，而实体店将更多成为体验店，成为品牌灵魂的载体。由此来看，实体店打造客户体验场景更加必要。良好的客户体验将使他们难以忘怀，并喜欢与他人分享他们之间的感受与乐趣。

例如，有这样一家超市，他们在陈列细节上都用上了场景化，比如，在卖鸡蛋的货柜旁边加入母鸡产鸡蛋的图片，假如客户家里刚好没鸡蛋了，就会由此联想到买鸡蛋；把农民采摘的形象做成POP（一种店头促销工具，以摆设在店头的展示物为主，诸如吊牌、海报、小贴纸、纸货架、展示架、纸堆头、大招牌、实物模型、旗帜等），不仅起到吸引客户注意的效果，更让客户感受到新鲜与放心的感觉。

消费者的购买行为多为无计划消费，通过优化体验场景，能够让商品更生动地展示于消费者面前，引导消费者的消费理念升级和产生购买行为。

4. 建议四：打造数字店铺，成为行业专家

对于某些行业而言，要使客户转介绍，有一个基本的前提条件，就是对方信任你。所以，你必须让客户认为你是该行业的专家，只有这样，他才会放心向别人推荐。

如何成为行业专家？要将“互联网思维”灌输渗透到实体店经营管理的各个方面，其中，最重要的是以赢得客户满足为导向，注重跟客户的互动，并结合互联网技术，将实体店逐渐优化改造成“数字店铺”。这也是线上线下相结合的一个趋势。

把你自己塑造成行业专家，让客户感觉你是专业的，客户对你有了信任，也就有了推荐。

5. 建议五：举办聚会，欢聚促成转介绍

举办聚会，这是最欢乐的转介绍方法了。为老客户们举办一个聚会，并且让他们带上自己的亲朋好友。

比如，一个少儿培训机构，可以举办一个演奏会（如少儿钢琴弹奏表演）。然后告诉学员，可以带他们的朋友一起来参加聚会，并且为了更加有效果，最好制作出聚会的入场券——凭此券方可入场。然后给每一个参加聚会的学员多发几张入场券，让他们带上父母，同学朋友，或者同学的父母，一起来参加。只要客户把朋友带到了这里，那么我们再通过接下来的一系列流程，把这些客户的朋友变成我们的新客户。

让客户带上他们的朋友参加聚会，是以“分享快乐、给予荣誉感”为出发点，客户自然会愿意。

6. 建议六：告知新品上市，激发购买欲望

与客户购买的产品相关的产品若有新品到货，务必及时采取适宜的方式通知客户。比如，录制新品的功能演示小视频发给客户，详细介绍新品的功能及与客户之前购买的产品的关系，激发客户购买兴趣。

这是一个分享的时代，更是“显摆”的时代。因此，要让新品上市的消息快速覆盖潜在客户的眼球，让新品的消息快速植入潜在客户

的头脑，借此占领潜在客户的内心。

请注意：凡是询问新品或评论新品的潜在客户，务必让客户把联系方式给你。至于后面的工作，你应该知道如何做了。

7. 建议七：巧借客户影响力来影响潜在客户

心理学上讲，人们的行为在很大程度上会受到其同类或同伴的影响。如果人们发现某种行为已经成为其同类中的一种流行行为，那么他们往往就会跟着做。心理学家们将这种影响称为“同伴影响力”。

客户使用产品满意，一定要请客户在他方便的时候用智能手机将亲自操作的过程录像，同时引导客户亲口说出操作满意的话语或感受之言，然后及时发到微信朋友圈、微信群、QQ 群或其他适宜的渠道，再配上一段精美的宣传文字说明，这样会更有说服力、影响力与信任力。看到这些信息的潜在客户，很可能成为我们的购买客户。

8. 建议八：注重分享，口碑就是转介绍

成功的零售商都非常善于借客户的口吸引新的客户，借客户的口引流客户流量，让客户成为自己的兼职分销商。尤其现在是分享经济时代，如何分享？这是零售商应该研究的大事，因为只有通过分享，才能实现转介绍。

对于转介绍来的客户，可以采用累计积分制，积分累积的分数（最好设置期限，积分设置制度可以根据行业和产品不同设置不同的积分积累制度）可以兑换一定数额的金钱，金钱的额度作为客户再次购买自己喜欢产品时的抵扣金额。

9. 建议九：策划市场活动，招引潜在客户

好产品没有好的营销活动也会成为垃圾，所以，作为零售商要根据自己所在区域的市场情况不定期地策划市场活动，提升自己店面及经营的产品在区域市场的影响力，逐渐将自己的店面与经营的产品植入到区域消费者的头脑中，这是成功的零售商经常用到的策略。

比如，每次搞活动时，可以事先通知附近的老客户，“凡是到场的老客户都会有礼品赠送”，或“凡是老客户携同新客户，新客户享受礼品赠送，同时老客户惠上惠”，一是提升活动的影响力和现场氛围，二是提升潜在客户的成交速度。

第五节 线上网店通过用户转介绍实现精准零售的策略

网店现在获取精准流量的成本是极高的，最高效、最低成本的精准获客是每一个网店店主所期望的。利用现有的用户进行转介

绍，如果网店本身对此并没有行之有效的策略，甚至连“以用户为中心设计网站”都没有做好，给你再多的流量也一样没有用。这里讨论的一些策略可以帮助网店通过用户转介绍实现精准零售。不妨试试!

1. 策略一：以用户为中心设计网站

“以用户为中心”并不是一句口号，而是以用户的视角来审视一切，进行周密的计划和深入的思考。

设计网站的目的是为了让目标受众的生活更轻松。为此，在设计网站时应该经常问自己：网站的目标受众是谁？网站要实现的目标是什么？我该怎么做才能更好地实现网站目标？其中，“目标”是个核心问题，强调的是以用户为中心的网站设计。以用户为中心的设计意味着你需要考虑用户的偏好，这是重点所在。一旦你的网站能够满足用户的需求，不久，潜在用户就会成为忠实的用户。

2. 策略二：精准的搜索引擎关键词广告

搜索引擎竞价广告是提高用户转化率的一种有效的网络营销方式。通过对用户检索行为分析并在此基础上选择最有效的关键词组合，优化广告着陆页面内容的相关性，能够有效提高转化率。搜索引擎竞价的效果由多方面的因素组成，每日的消耗预算、关键词上词数量和报告分析等维护工作的好坏直接影响了搜索引擎竞价产品的效果。

由于搜索引擎关键词广告具有一定的专业性，通过选择有实力的服务商进行广告维护，可以进一步提升网络推广的效果。

3. 策略三：提供丰富的产品和服务信息

有调查表明，在网上零售商为提升用户转化率采用的各种措施中，提供丰富商品介绍信息明显有利于提升网上商店用户转化率。对于独立网店也是如此，产品的特点介绍越详细，产品展示图片越清晰，用户的兴趣越高。

随着视频技术的发展，为你的产品进行视频展示已经成为一种时尚。比如，一家内衣网店的女店主用自己做模特来展示店内出售的内衣商品，她发现反响很好，就又加上几段视频展示，结果销售量飙升。

4. 策略四：网店购物体验力争超出预期

现在淘宝上应用比较多的是给用户超出预期的购物体验。比如，你在淘宝上订购了一样东西，结果收货时，打开一看，居然赠送了很多精美赠品，并且具有非常特别的创意，让你意外欣喜，这就是超出预期的购买体验。此时，用户会忍不住拍照分享到微博、朋友圈，形成自动自发的推荐。

为了创造超越用户期望的购物体验，网店需要提前预知用户通常使用的品牌的每个接触点。其最简单的方法是将用户体验分解为一个个接触点，然后列出用户所经历的所有接触点。所有接触点都超出用户期望可能会比较困难，而且回报很少。对于网店而言，最好的选择是先选择某一个或者几个点来用心做并尽力做到最好。

虽然有很多因素会影响到网店运营的成败，但是用户体验一定会在整个运营过程中发挥巨大的作用。让用户感到物超所值是作为网店可以做出的最好措施之一，因为它可以提升网店的重复购买率并让用户把购物体验分享给别人。

5. 策略五：展示产品要把握产品内容要点

网店产品展示是网店营销平台的核心内容，也是流量变商机的重要前置条件。科学的产品展示设计，有利于流量汇聚和引导转化，从而降低运营成本，提升转化率。

网店产品展示设计的重点在于产品内容，其设计点如下：一是产品图片。产品图片要清晰明确，能方便地浏览大图，展现产品最佳、最全面的状态。二是性能参数。结合产品的行业特点，列举最受关注且起决定性因素的产品性能参数。三是产品说明。图文并茂，集中展现产品的使用效果、独特卖点、应用前景及售后服务等内容。四是交易信息。结合网店实际清晰列举交易信息，有助于访客快速做出交易选择。五是用户评价。用户证言是产品展示的有力组成部分，能补充说明产品的使用感受，并从心理角度给予访客对产品认同的暗示。

6. 策略六：闺蜜式营销，闺蜜推荐最动心

移动互联网时代，抵达女人内心深处的捷径是闺蜜。先来看一个例子：一位女性消费者，打算购买一款适合自己的护肤品，这时恰巧她身边闺中蜜友说她上次买了一套面膜，效果很不错，推荐她也试一试！如此一来，少有女性会不动心。

对于商家而言，最初购买产品的是一位用户，但当这位用户的闺蜜收到了产品，只要我们的营销流程设计得好，那么就有可能增加一位新用户，把这个闺蜜变成我们的新用户。

7. 策略七：结成联盟，相互推荐

与其他商家进行联盟，大家互相推荐，这是网店提升成交率的好办法。比如，服装店和饰品店联盟，每一家店都有对方制作的折扣卡，把这个折扣卡当作购买成交时的赠品，这种方法就会有助于提升成交率。

值得注意的是，联盟推荐这个策略不能欺骗消费者。比如，一个服装店和珠宝店联盟，用户购买服装时送珠宝抽奖券，如果里面抽奖太假的话，就一定会损害联盟各方的声誉，更谈不上成交率。

8. 策略八：具有说服力的用户见证

用户见证是有效营销技巧，但很多网站并没有将用户见证充分利用到网络营销中来。在产品展示的同时，也应该展示使用该产品用户的服务评价、使用体验，这样能增强产品的说服力，增加用户购买的兴趣和信心。

在这方面，阿里做得比较到位。他们在对诚信通产品的营销推广过程中，大量使用了用户见证技巧，既有正面的使用体验，也有反面的因没有用户见证而使用户受骗的经历展示。两者的巨大反差，使得用户从心理上快速接受了诚信通产品。

第六章

精准零售新业态：体验用户+企业=商业命运共同体

线上线下融合是最佳商业模式，不管是线上巨资投入线下，还是线下自建或利用网络平台物流，我们都能看到这样的趋势。线上渠道跨越时空的销售，更易于企业扩大规模；线下渠道便于将消费信息或直观、或通过媒介传递到消费者个人，体验后的客户其忠诚度提高了，赢得消费者的企业其美誉度提升了。这就是精准零售的新业态，即由体验用户和企业共同打造的商业命运共同体。

第一节 用户与企业共同打造商业命运共同体

目前，由于很多线上线下零售经营者的互动与结合，因而很好地增进了用户与用户之间，以及用户与企业之间的接触与交流，用户体验在不断地改善，服务体系在走向完善，一个用户与企业共同打造的商业命运共同体正在形成并日渐成熟。

1. 实体转型，打造个性化的消费体验场景

在零售领域，实体零售目前尚不可以消失，但同时转型也势在必行。

从实际情况来看，卖家要么将信息传递给买家，要么将商品传递给买家，或者两者兼备。随着线上线下的跨界融合与交互，线上线下的店铺自然也需要在对方的市场中寻找存在感，于是就出现了跨界融合的各种创新。这方面的例子有很多，例如，京东、小米都是互联网品牌的佼佼者，为不断改善客户体验，提升品牌的认知度，扩大销售面，两家便规划在商业区、综合体、社区等人流较集中地方开线下实体店；永辉超市先是中国首批将生鲜农产品引进到现代超市，接着又针对中高收入的白领人群推出“零售 + 餐饮 +APP”的体验型零售业

态——超级物种，令人侧目相看。

现代新技术是线上线下相结合的有力支撑，跨界融合在新技术条件下已经成为潮流。因此，门店的转型势在必行，运用互联网的方式，与现实环境紧密而系统性地联系在一起。门店有空间的优势，离客户很近，正所谓“近水楼台”；如果门店商品品类齐全且价格诱人，产品信息通过网络推广出去；又能利用人工智能、物联网等新技术打造购物体验场景，那么门店的吸引力将会大大增强。事实上，这也正是门店转型的方向。

只有将虚拟和现实完美整合，才能为顾客打造全新的消费场景，提供完美的个性化体验。

2. 构建线上线下共生共融的销售服务体系

零售企业有长期运营的经验，有遍布各地的线下门店触点，也有不断壮大的线上粉丝。未来一定可以构建出更强大的线上线下共生共融的销售服务体系。

门店作为线下渠道，目前已经成为品牌的重要载体，内容丰富的线下零售体验场景，就充分说明了这一点。其特殊的承载功能是网店所不具备的。尤其是像5G的体验、智能组网的体验、智慧家居的体验等，这些都需要“触摸并感受”，而直接的触摸感受是很难通过网络传达的。这时候就需要到线下门店来体验这些感受。线下门店未来所提供的，更多的或许就是体验，包括产品的体验和服务的体验等，其承载功能日益显现。

未来，门店不需要受理，只需要提供服务、提供场景、提供体验。

所有的受理，都可以通过线上完成，可以在门店在线提交订单，由线上完成受理。销售的流程将是用户通过线上了解产品和服务，再到线下门店去体验感受，并根据体验的情况从线上下单，再由线上完成受理。最后一步，自然是线上的点评和传播。线上的销售更利于传播，在线上社区里，口碑相传和模仿感染的效果更为明显。

事实上，一个线上线下共生共融的销售服务体系，已经越来越清晰地出现在我们身边。

第二节 打造商业命运共同体的路径：线上线下融合，实现精准零售

打造商业命运共同体是毋庸置疑的趋势，其路径是打破线上线下消费的阻力，进行深度融合，从而实现精准零售。本节将围绕这一主题，在精准零售的“位置”定位、克服消费阻力、虚拟社区、线上线下融合这样几个方面展开。

1. 精准零售是基于“位置”的线上线下大融合

精准零售注重用户画像，其中包括影响消费者购物行为的诸多因素，如性别、年龄、职业、地域等信息。线上线下消费者的“位置”

就是精准零售的画像，因此说精准零售是基于“位置”的线上线下大融合。

事实上，不论从个人、社区还是国家层面，消费都会因为所处位置的不同而对其行为产生影响。比如，两个年龄、收入、文化等相似的母亲在选择线上还是线下购买尿不湿时，就会做出完全不同的选择。同时，消费者对某个品牌的偏好也受到地理位置的影响。消费者在线上做的每一件事情，不是对线下行为的补充就是替代。

找准“位置”，挖掘用户需求、满足用户需求，是精准零售的终极目的。线上线下相互作用，虚拟和现实的跨界融合才是精准零售的根本。

2. 唯有线上线下融合，才能克服消费阻力

在线上网店和线下门店都存在的消费环境下，消费者如何消费才能节约成本并获得最佳体验？事实上，无论是线上网点还是线下门店都存在消费阻力，也就是搜索阻力和位置阻力。如果不克服这两个阻力，消费者的消费质量不会提升，零售业也没有发展前景可期。

实体店的位置阻力，就是消费者可以达到的门店不一定能够买到需要的商品。这是因为实体店受到了地理空间的限制。实体店的搜索阻力，就是消费者选购商品时希望可以获得更多关于商品的信息。这是因为实体店的“触网”不到位或根本无视互联网，以至于许多商品信息无法在网上显示。

线上网店的出现，缓解了线下门店购物情景中的这两大阻力，这也是电商改变了消费者消费习惯的根源所在。首先，有了电商之后，

无论消费者在任何位置，都能够买到自己想要的商品。即使是当地商业并不发达，即使是小众人群，从效率上来看，单个门店不可能为社区里的所有消费者都提供满意的服务，但是网店可以将全国甚至全球的小众需求聚合，为他们提供完美的解决方案。

然而，没有什么商业模式是完美无缺的。网店虽然克服了门店购物的阻力，但也同样面临着位置阻力与搜索阻力。在电商环境下，位置阻力变成了缓慢的物流，人们需要以时间换空间。而随着时间的拉长，人的忍耐度明显下降。搜索阻力则体现为消费者购物体验欠佳，也就是说，虽然网点上可以快速地“货比三家”，但不像门店那样有实物可“触摸”、可“感受”，这些商品和消费场景信息的缺失导致消费者无法产生良好的体验，这对消费者选购某些品类形成了不小的障碍。电商购买评论中屡见不鲜的“跟想象的不一样”“跟广告中说的不一样”等就是证明。

线上线下融合是目前最佳商业模式。网店和门店各有优劣，唯有实行线上线下的融合，才能有效克服线上线下都存在的搜索阻力和位置阻力。只有这样，才能降低消费者消费成本并获得最佳体验，才能让零售业有一个好的发展前景。

3. 拓展线上线下相融合的格局

当下，无论是电商还是实体店都在转变经营理念，线上线下融合的速度正在日益加快，线上线下融合的优势也愈加明显。比如，家电领域的苏宁，他们已经率先完成了线上线下全场景布局，并坚持线上和线下系统均衡发展，使其受益匪浅。2018 年全渠道家电销售规模中，苏宁易购销售份额高达22.1%，领跑全渠道第一。

零售业在人工智能、大数据等新技术支持下，线上线下融合的应用场景不断拓展。实现线上线下融合目前主要有三种形式：一是重构消费体验，通过结合互联网运营模式实现消费者到店体验的优化，从当前改造品类来看，主要集中于泛生鲜、3C数码和家居生活品类；二是延伸消费场景打破时空限制，主要体现在以物流体系支撑实现的特定时空范围内消费者需求与线下商品资源供给的匹配，使消费场景得到有效延伸；三是供应链效率的提升与渠道的下沉，实现"人、货、场"匹配，主要为门店零售赋能，包括流量入口的零售赋能及与品牌商合作的零售赋能。

总的来说，线上渠道打破了地理位置的界限，更易于扩大销售规模；线下渠道则利于提升客户的购物体验和信息直接传递，从而提高了客户的忠诚度。线上和线下融合的格局已经到来，并将作为一种常态化存在。随着创新转型步伐的加快，跨界融合的不断深化，零售新业态和新场景仍将继续涌现，未来的零售将是虚拟和现实的跨界融合。

4. 充分发挥虚拟社区的联结作用

网店销售的扩大通常由两个阶段组成，首先是地理概念上的接近性带来的，然后是非地理概念上的相似性带来的。所谓非地理概念上的相似性，指的就是"虚拟社区"。

虚拟社区，又称电子社区或电脑社区，是互联网用户交互后产生的一种社会群体，由有着相似兴趣爱好的人构成。虚拟社区最为独特的属性就是它超越了时空，因为在这里人们之间通过网络的交流不受地域的限制，同时也不受时间的限制。超越时空的属性带来了的是联结的便利。人们在虚拟社区聚众，发表文章、网传日志、照片、录像等进行分享，这种联结影响着现实生活中人们的思想、意识、文化、及性格取向等。

虚拟社区超越时空的属性为联结提供了无限可能，可以带来更加广泛的市场。这里不妨来看一个空间长尾的概念。所谓空间长尾，即头部位置的消费者是通过接近性产生的，尾部位置的消费者则是通过相似性产生的，尾部可以延长到接近无穷。随着时间的流逝，越来越多的消费者将通过相似性产生，最终消费者比例会平衡到 1∶1。“长尾效应”也只有在互联网上才能实现，网店如果不能充分发挥虚拟社区的联结作用的话，就可能会面临破产。

第三节 苏宁打造智慧零售“命运共同体”

2017 年，苏宁控股集团董事长张近东提出“未来零售就是‘智慧零售’”的观点，坚信智慧零售就是零售业的未来。在接下来的 2018 年，苏宁智慧零售大开发战略高速推进，基于线上线下持续深度融合的“双线共同体”已经形成。如今，以苏宁为代表的零售企业正在以新观念、新技术赋能零售商：运用互联网、物联网等新技术感知消费习惯、预测市场行情，并做出精准、快速的响应，最终达到为消费者提供多元化服务和实现业绩增长的目的。

1. 构建精准服务用户的零售引擎

“科学技术是第一生产力”这句话适用于任何行业，自然也包括零售业。事实上，以人工智能、大数据、物联网等为代表的现代新技术正在加速与零售行业的深度融合。作为线上线下融合的零售企业，苏宁既有线上6亿全产业会员，又有线下1.1万家互联网门店，使其有了足够的资源和能力去做深度调研和学习，并构建了一个个精准服务于用户的零售引擎。

近年来，苏宁在科技人才与基础设施方面已有大量的投入，结合AI能力、大数据能力、云计算能力，形成了一整套智慧零售大脑行业解决方案，具备了对合作伙伴开放和赋能的能力。智慧零售大脑是一个管理旗舰、技术平台、生态体系，通过把驱动零售企业发展的因素在一个大生态体系上合集帮助企业持续发展。通过智慧零售大脑，苏宁把制造到零售的流通环节打通，全面提高了效率；同时，还通过大数据技术，在零售端把各种用户的需求传导到制造端，使制造更柔性、精准、高效，从而实现了从“制造”到“智造”的转变升级。苏宁还将业务引擎向全球开放，实现智慧零售大脑的全球共享，希望在全球范围内建立优质生态体系，推动全球零售行业的智慧升级。

苏宁在实体零售中一直进行着前沿性探索，其无人零售设备已经落地，机械臂、移动售货机器人相继投入使用。机械臂无人店实现了二十四小时不间断运营，移动售货机器人实现了从传统的“人找货”到“货找人”的销售模式创新。这些无人零售设备的落地，进一步拓展了零售的边界。

2. 打造以技术和服务为驱动的物流平台

苏宁物流是一个技术和服务驱动的平台，主要体现在自建物流网、自主研发技术、包裹的“有温度交付”这三个方面的属性。

苏宁长期以来一直坚持自建物流体系的配送模式，在全国建立了区域配送中心、城市配送中心、转配点、全国三级物流网路体系，依托 WMS、DPS、TMS、GPS 等先进的信息系统，实现了长途配送、短途配送与零售配送到户的一体化运作。目前，苏宁物流当日达、次日达基本实现普惠化，冷链配送覆盖了超过 188 个城市。

在自主研发技术方面，苏宁也一直处于行业前列。在仓储端，已在全国布局的不同类型智慧仓储达到 24 座，仓储总面积近 1000 万平方米，其中在南京、上海等城市建有“超级云仓”。

在配送端，苏宁的物流能力更得以突显，其高效、贴心的服务被广大消费者赞誉为“有温度的物流”。以苏宁物流“行龙一号”无人重卡为例，它主要解决苏宁物流园区之间的干线运输和园区内的自动驾驶问题。面向农村地区尤其是偏远山区的物流需求时，苏宁无人机配送做到了精准、迅速、安全；面对城市社区用户的物流需求时，“卧龙一号”物流无人车则解决了小区复杂场景的配送需要。

更值得一提的是，苏宁物流一直是绿色物流行动的坚定践行者，其率先在行业推广“共享快递盒”的运作模式，节约的传统快递盒可以铺满整个南京。目前，苏宁物流在全国拥有九大高标准“中国绿色仓库”，轻简绿色的新能源物流车在苏宁全国的城市配送网络中已经开始普及推广。

3.“O2O 共同体”提升消费者体验

在智慧零售模式中，苏宁始终坚持提升消费者体验的智慧零售。除线上电商平台之外，依托于苏宁的整体生态资源，智慧零售在全国绝大多数城市完成了多业态布局，在线下业态中，除县镇店外，其余在城市市场都有布局，打造多元化的服务场景。

苏宁小店是智慧零售线下场景中最贴近用户的一环，已经深入全国数以千计的居民社区，以生鲜为切入点，致力于打造社区“共享厨房”“共享冰箱”，满足用户的一日三餐品质需求。同时，消费者也可以在家中手机下单，享受3公里内最快30分钟极速配送。此外，苏宁极物、苏宁云店、苏宁红孩子等，都随着智慧零售大开发战略的推进而加速落地。

4.苏宁易购县镇店赋能县镇零售商

苏宁希望通过智慧零售能力输出的高速公路，打通散布在广大县镇市场的毛细血管，用互联网的方式发展县镇市场，以开放连接、协作共赢的姿态赋能县镇零售商，打造一批引领中国县镇市场消费经济发展的新力量。

自“智慧零售”战略实施以来，苏宁加速在县镇市场的渠道下沉，经过一年多的极速发展，目前已经覆盖了1.2亿的县镇用户。在4～6线市场，苏宁依托苏宁拼购和4000多家苏宁易购直营店、苏宁零售云店等平台，进一步推动农村消费市场转型和升级，已经为2万多人提供了就业岗位或创业机会。苏宁易购县镇店已经成为引领中国县镇市场消费发展的新力量。

第七章 新一代新零售的风口：社交电商

社交电商是在人们更加在意产品社交属性这一消费需求的驱使下，在社群经济、自媒体等经济大热环境的催生下诞生的，而且发展得如火如荼。这种通过社交媒体来获取用户并互动，对产品进行展示和分享等，从而引导用户完成电商交易的模式，其本质是社交信任，具备得天独厚的优势，可以说是新一代新零售的风口。本章从社交圈层化的视角，对社交电商的运营模式、运营法则及操作进行了较深入的探讨。

第一节 社交圈层化下的社交电商运营

社交是社会上人与人的交际往来，圈层是群体组成的基本模式，社交形成圈层，可以体现个人的层次，更能体现群体的价值。“你是谁不重要，重要的是你和谁在一起！”宁波商人的这句口头禅道出商界圈层的重要性。

由于网络经济和社群经济的发展及新媒体的盛行，基于社交信任的人与人之间的“圈层社交”交往方式越来越趋势化，而最能验证这个趋势的商业模式就是社交电商。所谓社交电商，通俗一点的解释就是：通过时下流行的社交工具和粉丝做社交互动，来辅助商品的销售。社交电商是新一代新零售的风口，抓住这个风口，需要具备一定的能力，并了解社交电商模式，更要懂得社交电商运营法则。只有这样，才能在社交过程中实现电商交易。

1. 日渐明显的社交圈层化

著名社会学家费孝通先生在他所著的《乡土中国》一书中指出，中国是个熟人社会，讲究的是圈子划分，形成了一圈圈水波涟漪般的圈层；“圈子”是中国基层传统社会里的一种特有的体系，支配着社会生活的各个方面。费孝通先生的观点对于我们理解现在的“社交圈层化”具有指导意义。

社交圈层化的原因主要有三个方面：微信群的高频使用、人们在信息疲惫情况下的自然选择、圈层社交产品的传播。

微信之所以在中国迅速发展、大受欢迎，以至于每个人都有自己的同事圈、朋友圈、同学圈、家人圈等，大家分别在不同圈子里说不同的话，就是因为它深刻地契合了中国的圈层文化。事实上，现在微信群的使用频率越来越高，不但有了各种分类的微信群，而且微信运营越来越专业。微信群的特点是形式虽然简单，但可以实现多人高频互动，实时共享。这些因素再加上微信小程序，就可以把一个群打造成一个小生态。由此可见，微信群的高频使用让社交圈层化日益明显。这也是社交圈层化的主要原因。

除了微信，人们在大量信息面前的自然选择及圈层社交产品的传播，也是社交圈层化的两个重要原因。

信息的丰富会造成选择。人们对海量信息已经疲惫，因此需要重新选择。人们发现，技术手段的信息流推荐与圈层化的社交相比，前者是机器来推荐内容，后者是你的朋友为你筛选信息。人们无法干预机器筛选，所以大多数人就主动选择在圈层中进行社交。

除了微信群和人们的选择造成的圈层社交，还有其他凭借产品形成的圈层社交。例如，小红圈和知识星球（即原来的小密圈）等。小红圈的功能就有针对专属社群的运营、管理、内容沉淀及内容变现等。知识星球的圈子有两种，一种是免费圈，这个需要财力支持，否则基本上意义不大。另一种是收费圈，其收费分两种，即按年收会员和永久会员。另外，从很多社群、粉丝、IP 打造的应用的最后综合评估结果来看，比较好的还是知识星球。像小红圈和知识星球这样的社交圈层，都在圈层社交的道路上探索着。

2. 社交电商必备的三种能力

从社交圈层化的发展来看，未来将会在许多社交平台上形成无数个有各自领域和独特价值的粉丝群。如果把这个趋势与电商关联起来，就意味着未来电商将会建立在个人 IP 上。也就是说，粉丝认同你的内容和价值观才能与你互动，才能购买你的商品，而你必须通过持续的内容产出和社群运营来强化你的个人 IP，以此来不断扩大粉丝群。

作为一种基于社交关系的电子商务，社交电商是电子商务和社交媒体的有效结合。因此，社交电商必须根据这一特性来培养自己的能力。

一是持续输出优质内容的能力。有优质内容的持续输出，才会有人不断跟随我们。否则就会有很多所谓的粉丝掉队，甚至是转移到其他的阵营。所以，我们要训练自己持续输出优质内容的能力。具体来说，这种能力就是将品牌故事等品牌要素，用不同的创意和写法，通过不同的载体，在不同的渠道发布出去，让你的影响力形成合力。“内容为王”时代下，能否产出优质内容，决定了事业的成败。

二是社群运营能力。产出了内容、有了粉丝，接下来就要思考如何运营粉丝了。要围绕获取、变现、留存三个方面，与粉丝互动，建立自己的小圈子，提高粉丝的黏性和认可度等。

三是商务拓展能力。当自己的粉丝群和个人 IP 发展到一定程度后，需要与他人合作，大家一起探索更多的可能性。比如，采取多社群、跨平台、跨界的合作方式。

3. 社交电商三种典型模式浅析

社交电商具有社交、口碑、互动、分享等社交功能。随着这些功能的日益显现，目前已形成了三种比较典型的社交电商模式，它们是：导购型社交电商、内容型社交电商和平台型社交电商。

导购型社交电商也可称为社交零售电商。这种模式有两种形态：一种是平台，另一种是个体。平台型即专门建立导购平台，请KOL（关键意见领袖）做导购。因为有KOL导购，给了用户更强的安全感和信任感，所以成交率比较高。个体型是利用一切自己可以触达的社交网络铺货赚钱。个体型必须有产品，有展现渠道，有潜在用户，这是个体型的三个内在核心点。

导购型社交电商具有零售去中心化和注重渠道的典型特征。去中心化是小程序形成的生态。所谓零售去中心化，就是商家通过微信群、朋友圈、公众号带来的私域流量，和通过页面广告、朋友圈广告、微信搜索和附近的店带来的新客流量，自行运转。在中间环节，零售服务商可以提供基础的展示、传播、记录、互动、成交等一系列基础能力。从渠道方面讲，导购型社交电商并非中心化的零售平台型生意，而是去中心化的零售渠道生意。所以说渠道很关键。

云集微店和礼物说是导购型社交电商的典型代表。云集微店的模式简单来说就是，先聚合商品、物流、客服等，将其开放给店主，通过产业链赋能将店主的成本降到“0”。店主只需要在网络社交圈推荐、宣传，将商品信息有效连接到消费者，带来客流和交易。

礼物说是国内最大的礼物电商导购平台，以推荐“礼物攻略”为核心，收罗时下潮流的礼物和送礼物的方法，为用户呈现热门的礼物攻略。礼物说小程序通过“送礼物”这种强社交属性的活动，实现了先社交后电商的路径。作为导购类型的社交电商代表，礼物说充分挖掘了礼物的社交属性，以此淘到了第一桶流量，而后续对用户与产品的深挖还需持续发力。

内容型社交电商有带货能力的关键意见领袖并能产出能驱动成交的内容，让用户产生信任感，这极大缩短了用户对产品“认知—偏好—研究—比较—决策—购买—分享”的传统销售路径，给用户“种草”，并在平台内完成“拔草”的完整的消费链，形成了社交和电商的闭环。

内容型社交电商具有营销针对性和运营门槛高的典型特征。所谓营销针对性，就是能够针对共同的痛点和生活场景输出容易激发大家互动传播的内容，转化和复购的能力也较强。运营门槛高主要体现在需要有持续不断的高水平的内容输出能力，这一点是内容型社交电商的壁垒。

抖音是内容型社交电商的典型代表。抖音主要通过产品的使用功能展示引起震撼效果，引发很多抖友关注和跟风，一时间将迅速刮起一阵产品热，在淘宝等购物网站上同期也会上线很多“抖音同款”。

平台型社交电商的玩法是目前比较火的拼团模式，主要是用户拼团砍价，借助社交力量把用户进行下沉，并通过低门槛促销活动来迎合用户贪婪、炫耀、兴奋等心理，帮助产品锁定用户，卖一些普适性、高性价比的产品，以此达成销售裂变的目标。

平台型社交电商具有低成本激活海量人群和供应链要求高的典型特征。拼团模式最大的优势在于用相对较低的价格买到高质量的产品；平台型社交电商对供应链效率及运营监管要求较高，没有雄厚的资金、专业的人才，很难做起来。

拼多多和萌店是平台型社交电商的典型代表。拼多多的成功在于立足微信海量的流量形成低成本用户裂变，抓住三、四线城市用户对于低价需求的真正痛点，然后找到“爆款”产品来完成销售的闭环。拼多多成功的关键是在传统的团购模式上有了一个新的创新，即将“分销”与“团购”相结合，其优势是利于培养用户习惯，并且成本可控。

萌店提供了海量一手正品货源供个人开店者分销，与众安保险合作提供商品正品保障，并且提供了多种推广渠道和多种支付方式，可以让开店变得更简单，同时萌店无需囤货，一件代发，让开店真正变得零门槛。简单来说，萌店模式就是“直销模式＋熟人经济＋信任代理”。

4. 社交电商的运营法则

社交电商运营包括获取、变现、留存三个大的方面。

在获取方面，打造多渠道闭环的流量池是主要方式。就需要把用户引到自己的平台，包括符合自身定位的商城系统（或微商城）、小程序和公众号相结合、品牌网站等，打造多渠道闭环的流量池。这样可以让获客更加直接、有效，成本也更低。此外，消费者不但可以通过微信、链接等方式分享、推荐、发布自己的消费体验，同时也增加了社群化、内容化运营的生态圈，为打造完整的圈层商业生态体系奠定了良好的基础。

在变现方面，用小程序或者 APP 做交易平台，通过活动激活转化。尤其是刚拉新需要通过新人专享的活动（秒杀、优惠券、满减、拼团）

激活变现。同时也针对不同的会员等级和用户做定向的活动。总的来说，就是让用户发挥自身的社交资源引流，最终通过电商的方式进行流量的变现。

在留存方面，一是积分锁客，就是以积分可以兑换商品、可以消费现金抵扣的方式让用户产生黏性；二是会员留存，就是让老用户享受到特权，比如，可特殊折扣待遇、一对一服务待遇、生日礼物待遇等的方式，给客户一个不离开的理由！

第二节 社交电商平台操作指南

蚂蚁精选是一个以分享经济为模式的创新平台，其始终不断致力于打造高度凝聚力的会员团队，搭建供应商和会员的桥梁。这样的创新模式将为会员与供应商开创实现利润共享、价值分享的局面，从而成就市场价值和会员团队价值的共赢。从蚂蚁精选的实践来看，产品、内容、社群、数据是社交电商成功缺一不可的四大要素。

1. 选品：量大、有特色、单价合理

选品是所有电商运营的第一步，对于社交电商平台来说也是如此。为目标用户节约决策成本，为他们选择适合他们喜好的产品，这才是

选品的价值所在，也是选品的成功秘诀。

虽然各个社交电商平台的目标用户都不同，但是整体而言，选品需要注意三点：一是选择需求量大的产品；二是选择新款、神奇、特别、优质、独特的产品；三是产品价格合理，单价最好在 50 ～ 200 元。

2. 内容输出：瞄准核心痛点 + 场景化

内容为王时代，与其说消费者愿意为内容买单，还不如说消费者更愿意为能够打动自己的内容买单。对于平台来说，内容对平台与用户深度沟通，增强平台美誉度、打造粉丝等方面有重要作用。为此，要把握内容的两个核心点。

一是内容要瞄准核心痛点。因为消费者在决策过程当中的核心痛点不一样，所以内容要瞄准核心痛点，而消费者也愿意为能打动自己的内容买单。

二是内容要场景化。要设计能激发用户共鸣的、有针对性的场景。

3. 社群运营：个人 IP+ 利益分享

个人 IP 指的是构建在人格、信任、思想等方面之上的个人标签。内容化特征和人格化属性是 IP 的本质。社群运营的关键是打造个人 IP，不仅人格与内容可以 IP 化，服务和场景也可以 IP 化。

社群运营还需要设计好利益分享机制，实现平台与个人的利益捆绑。只有利益分享机制公平公正，让人们产生归属感甚至是离不开，合作才能长久。利益分享机制包括三个方面：一是利益驱动分享，包括分享利润、折扣优惠、现金红包等；二是价值驱动分享，这方面主要是通过内容营销，输出知识资源的干货给用户，以形成裂变力量，获取更多用户群；三是兴趣驱动分享，兴趣驱动更多的是同领域人群，如母婴的社群、餐饮社群，相同兴趣的用户会分享对应的商品、服务、干货等。

4. 数据：积淀、分析、运用数据

数据是所有电商的基本功。社交电商平台如果不积淀足够多的数据，没有对数据进行深度分析，运营推广就没有方向，社群运营效率的提升就没有了基础。

数据的积淀、分析和运用都需要用到一些相关工具。这方面的工具有很多，比如，直通车、淘宝客、超级卖霸、淘代码、阿里妈妈推广、客服宝、班牛等，平台可以根据工具的功能并结合自己的需要来选择。

第八章

新一代新零售商业模式：社群电商

社群电商是对传统电商和移动电商的一种深化延伸，是社群经济线上的重要表现形式。它抛弃了传统的粉丝管理方式，将每一个单独的粉丝通过社交网络工具进行了社群化改造，利用社会化媒体工具充分调动社群粉丝成员的活跃度和传播力。社群电商重在通过粉丝重构社群关系，因此，对于社群电商经营者来说，必须具备一定的能力，并且要把握住用户、内容、产品等运营关键点。

第一节 粉丝重构社群关系，彰显互联网时代价值

加拿大思想家、原创媒介理论家马歇尔·麦克卢汉在他的著作《理解媒介：论人的延伸》中指出，人类社会的发展经历了一个“部落化→非部落化→重新部落化”的过程，最终整个世界变成一个新的“地球村”。按照他的理论，交通工具使村落都市化，而电子媒介又将都市重新部落化。事实上，现在的人们越来越需要被尊重、认同，需要发言和掌控的权利。粉丝社群正是在网络联结中产生的新部落。互联网最本质的功能是连接，网络将不同背景的、有共同喜好的人聚集到了一起，他们一起分享信息，讨论话题，发起活动，因而社群关系显得那么生气勃勃。互联网时代，每个人都是有价值的经济体。有着共同喜好的粉丝群不仅充满了人情味儿，而且在一定程度上能够充分发挥出粉丝的个人作用，从而彰显了互联网时代的价值。

1. 群体的核心：共同喜好

在社群中，群体的核心只有一个：共同的喜好。也就是说，这一群人具有相同的价值观、具有共同的爱好，他们对某种事物的共同认可和行为，这是成立社群的前提和基础。事实上，人与人是不相同的，

只有找到合群、同频的人才会不孤独。相对地，这些同类可以基于某个产品聚集在一起，可以因为养猫而组建社群讨论养猫的点滴，喜欢动漫可以在一起成天讨论新番或者吐槽漫画咨询等。

社群经济催生了大量社群的出现，大大小小的社群竞相发展。上海鸿风信息技术有限公司旗下的果粒网揭晓了从全国大约 2 万家左右的学习型、资源型社群组织选出的 2018 年排名前十的社群。我们来看下面例子。

吴晓波书友会：以吴晓波为中心，喜爱阅读，关注财经，热衷创业，乐于分享，自主自由，积极创新，丰富的线上线下活动，年轻、专注、深入，在这里可以尽情地自由连接。

众合创富：专注于为实体、直销、微商培养社群运营实战导师，打造未来互联网新型人才基地。孵化和辅导直销团队、微商团队和品牌方综合性服务平台。

秋叶 PPT：是以秋叶大叔为精神领袖的知识社群，旨在带动职场新人思考、总结和分享，致力打造 Office 和职场系列在线课程，通过提供软件技巧、职场技能等干货知识，帮助更多的大学生顺利适应职场、让更多职场人提升职场技能，从而高效率高质量地完成工作。

果壳网：邀请一些有意思的青年来分享他们独特的知识兴趣，旨在创建一个欢乐多元、开放有益的交流平台。生活、科技、好奇心是万有的话题，多元、智趣、链接是万有青年的标签。

荔枝汇：励志女性社群，作为整合传播新媒体，是为女性提供自我修养、子女教育、亲子活动、社会公益活动等方面的服务平台。

K 友汇：致力于打造全社交高端人脉 O2O 聚合平台，旨在开放、分享、聚合和人脉。从 2013 年 9 月成立，仅一年后便成为当时国内最有影响力的社群组织。

桔子会：主要提供电商培训咨询服务，为讲师提供授课平台，为会员提供专享系列课程。

触电会：电商及微电商领域知名的自媒体人与意见领袖抱团社群，以龚文祥为核心，办有电商文摘类媒体触电报。

上述这些社群的基本情况说明社群是一种“小生态”。总的来说，社群是基于共同的需求、兴趣等而形成的人的聚合，社群中每个成员都可以在社群中分享自己的经验想法，也能够从他人的分享中获得启发，从而找到更加合适的品牌发展路径和商业模式。

2. 社群的“湿地生态系统”

地球湿地广阔众多，包括天然或人工的、长久或暂时的沼泽、湿原、泥炭地、水域等。由众多湿地形成的湿地生态系统具有多种生态功能，在保护生态环境、保持生物多样性及发展经济社会中，具有不可替代的重要作用。社群犹如湿地生态系统，它不仅可以兼容并蓄，更重要的是，社群重构了人际关系，冲破了组织关系的传统桎梏，也创新了商业模式。

社群人际关系，感情饱满，因为共同喜好具有统一的精神指向，能够将不同背景的人们聚集到一起，并且在一起分享信息，讨论话题，发起活动。在社群团体中，人与人之间因为共同的爱好惺惺相惜，协同合作，友爱共存，通过鲜活生动的社区活动进行沟通，形成强大的精神力量。社群“湿乎乎”的人际关系不仅能调整社会生态，而且能自发形成并拥有旺盛的生命力。

基于共同的兴趣爱好、价值理念等自发建立起的社群，突破了权力、利益、阶层、地域等干巴巴的社会元素，打破了传统企业模式下等级森严的结构体系，使得不同成员之间不再有地位差别，其合作更加自由，对社群的认可度也更高。从而构成了关系紧密且具有商业价值的社会群体。

社群是商业活动的起点，也是社群经济价值变现的基础；比熟人社交更贴近经济需要的是社群电商。社群电商主要是以社群为载体实现销售产品的商业模式，合适的商品与社群结合，可以促使粉丝成交自己的额外收益，又不影响各自的利益，因而它解决了变现难、流量贵、人群不精确等各种问题。

值得一提的是，互联网已经演变成商品创新和传递平台，以及知识创造与交流，文化诞生与扩散的社群商业模式，而社群体现了“开放、平等、协作、快速、分享”的互联网精神。“互联网 + 社群”已经成为互联网商业模式的首选。

3. 社群电商 = 社群 + 电商 + 信任

所谓社群，就是一群人为了某种利用价值聚到一起而产生的组织、群体；社群的核心是人，社群的意义是解决人的需求。所谓电商，即通过互联网的技术手段实现商业变现的一种方式。将两者结合起来就是社群电商，也就是通过互联网社群，实现商业变现的一种方式。

社群电商的关键点是三个字：信任感。在互联网中，信任尤为重要。社群电商可以释放个人信用价值，让个人信用也能够被充分利用，我们需要的不仅仅是交易，我们更需要人与人之间的信任。

海尔集团旗下的智慧社区便民服务平台日日顺乐家通过小管家在

线上社群中与用户深度交互，同时在线下为用户提供无微不至的社区服务，逐步培养出社群用户的深度信任感。例如，乐家正在做“社区米仓”项目，让大米从生产加工基地进入海尔物流平台，直接配送到社区快递柜或用户家中。更重要的是，进入“社区米仓”的大米品牌都要经过三重检测，以此保证大米品质。诚信与安全成了“社区米仓”的基石与支柱，因此不仅得到用户的信任，而且连“杂交水稻之父”袁隆平也提出了合作意向。

在社群的诸多关键词中，如聚焦、黏性、交互等，其背后的核心是信任，信任是社群经济最核心的东西。做社群电商，用户的信任是不可或缺的！为此，必须要让社群成员信任这个社群能带给他们所需要的东西，才会让社群活跃起来，并且促使社群成员主动向自己的朋友散播社群中好的内容，形成好的口碑，从而使得社群电商不断地壮大。一个社群电商的组成，必须依靠社群成员对社群的信任，才能让社群电商展开运营。

4. 注重交流和分享、活动和内容的社群场景

社群电商必须打造社群场景，为此需要侧重交流和分享，看重活动和内容等要素。交流的内容包括专家在线、知识问答、话题、圈子、活动等。分享的内容既可以是商品百科、行业知识、付费知识及其他知识，也可以是图文、语音、直播视频等。分享还包括谁来分享的问题，可以是商家、达人、粉丝，以及社群成员的亲朋好友。在活动中，要让社群成员、粉丝之间沟通、互动的紧密度加强，这是细节的一个关键点。同时，更要有激励措施，包括物质奖励如打赏、发红包，精

神奖励如秀、点赞、评论等。社群里面要将发红包打赏的氛围做起来，小额奖励是建立情感连接的一种有效手段。

围绕交流、分享及活动和内容等要素打造社群场景，需要从两个方面入手：一是满足用户需求，二是达到文化认同。

社群用户之所以会来到这个场景之中，是因为用户需要这个产品，所以社群是一个很好的转化工具。传统的广撒网模式已经不适用，今天需要的是垂直化的社群营销。因为社群更加注重归属感、真实体验。这方面可以参考内容电商小红书的做法。

小红书的内容来源基本有三种形式：一是 UGC（用户原创内容）。这部分是小红书内容占比最大的，每一个普通用户都可以去做的部分。为了激励用户产生优质内容，分了 10 个等级。二是 PGC（专业生产内容）。小红书有很多的垂直官方账号，自己来生产一些专业的内容，尤其是对热门话题内容的运营。这点是非常好的，如果都是用户原创内容，就会失去标杆作用，内容会越来越粗糙。三是 PUGC（专业用户生产内容）。就是第三方生产专业内容，比如邀请其他平台的自媒体人、网红、大咖、明星等。这些人本身就有吸引力，也会给平台带来一大批粉丝。小红书以优质的生活方式内容为基础，通过这些内容发现和了解商品，形成一个商品的口碑库，再通过用户画像的分析，机器分发给不同的用户，这是一个完整的内容运营方式。这种方式贴近用户日常生活，将用户联系起来，从而使用户有依赖性，将商品大大地推广出去，从而大大提高产品购买的转化率。《人民日报》官方总结："小红书 = 亚马逊 +Instagram"。在持续输出优质内容的同时，小红书还能把社交与电商同时玩到了专业级别，可以说这是一个很好的样板。

达到文化认同，可以增强凝聚力。社群之所以会如此强大，甚至以加入圈子为荣，就是因为文化认同，“羊群效应”。

成功的社群都会不断强调品牌文化，与社群成员频繁互动，这样，新加入的成员也会融入其中，并主动宣传。比如，吴晓波频道、得到等社群，先进去的人会持续输出、分享内容，影响外部的人，当然他们也会培养社群明星，提高凝聚力。拥有文化认同，社群才能做得长久。一个社群，如果突然被提起，必须联想到他的文化是什么才算成功。比如，豆瓣的文艺、小米的性价比、知乎的问答等，都是非常注重社群文化的。

第二节 社群电商必须具备的能力

移动互联网时代的商业趋势是社群电商，那么做一个合格的社群电商运营者，究竟需要具备哪些能力？从现实中的成功者经验来看，社群电商必须具备激活用户的能力、善于选品的能力、运营的能力和供应链整合的能力。

1. 激活用户能力：从触发唤醒到复购

为什么有的社群做一个死一个，而有的社群却能大额销售？其中一个非常重要的原因就是群主激活用户的能力。事实上，只有通过持续触发唤醒用户，形成良性交互，做好末端服务，才可能形成复购及数据沉淀。

每个人最关心的就是自己能得到什么，要想积累用户，就要给社群中的人带来有价值的东西。无论是有形的实物还是无形的群主个人IP影响力，通过持续的触发，才能唤醒用户，让用户不再沉默。在这方面，制造社群氛围、制造仪式感、强化社群成员之间的联系、建立社群淘汰机制等，都是行之有效的好办法。

社群中各个成员的交互，始于每个人潜意识中的向往，这种向往既有物质层面的，也有精神层面的，只有刺激社群成员的意识形态，才能唤醒他们对新生活的追求。社群中的产品、社群中的精神，都是大家的向往，而在实现这种向往的整个过程中，不断地交互必不可少，并且是良性交互。在交互过程当中，也要注重建立信任的关系。如果一个人产生信任，或者建立强关系，至少要三次以上的交互，否则就没有这种信任，而瞬间的交互也不会太长久。

体现社群价值的重要一点就是提供服务，如果社群中的服务不到位，将成为社群不稳定的致命缺陷。有人说社群不踏踏实实做服务将必死，这话毫不为过。服务的类型有很多，如末端服务中的售后服务环节。做售后服务，回访很重要。用户收到产品之后，需要进行回访，这样用户会觉得你是一个很负责任的人，他就会信任你，后期有什么活动他也会积极参加，细节问题都做好的话，用户自动就被吸引过来了，并且以利于后来的稳定。只有服务好了社群里的人，让他们对你的社群产生黏性，后续发展才会有更多的可能性。

社群的数据沉淀也很重要。社群作为一个用户池，后续的运营和维护相当重要。通过贴心的社群运营，可以与用户建立深度联系，并能产生更多的复购行为，这也是社群持续发展的关键因素。

2. 选品能力：产品价值 + 质优价廉

有一句话叫作“选品定生死”，可见选品是多么重要！任何事情只有通过自己亲自尝试，才能真正地认识、理解、掌握。对于社群电商来说，选品能力也应该在实践中培养。从经验来看，社群选品一是要注重产品的文化价值和功能价值，二是要选择质优价廉产品。

第一，社群选品，必须要考虑到产品的文化价值和功能价值。所谓“物以类聚，人以群分”。社群由于先天就已经设定了旗帜，有其价值观，所以在人群偏好上就已经做了一次筛选。因此，面向社群的产品要符合社群属性，体现出文化价值和功能价值。在文化价值上，选择的产品文化调性要和社群一致，切忌出现冲突的情况。如果一个嘻哈风格的草根吃货社群，选择一款高雅的保温杯来推，可能就未必合适。另外，在功能价值上，这一点要求产品要有亮点，让社群成员买了之后有优越感，而且品质一定要有保证。品质不好，卖出去对社群也是危害。

第二，选择优质产品。优质产品是支撑社群持续运营的基础，甚至有一种说法认为“七分靠选品，三分在运营”。因此，我们既要选到价低，又必须是质量好的产品。首先，筛选大牌商品，因为品牌商品更有知名度，所以也更加容易赢得群成员的信任。选天猫旗舰店的商品，因为这里的产品质量方面有保障，并且售后也有完善的体系，而且天猫店相较于淘宝店更容易激起群成员的购买欲望。其次，选销量多的商品，虽然可能销量大的产品不一定是真正的好产品，但它是群成员是否下单的一个重要的参考对象。再次，选评价好的商品，可以看下评价区对产品的真实评价。最后，选折扣力度大的商品，因为扣力度大更能刺激群成员的购买欲望。

总之，社群电商选品时，必须注重产品的文化价值和功能价值，同时要选择质优价廉产品。注重这两个维度，将对培养和提升选品能力大有裨益。

3. 运营能力：流量 + 内容 + 用户

在资本市场不是很景气的大环境下，不少社群电商赢得了投资机构的青睐，比如食享会、你我您、呆萝卜、邻邻壹等都相继获得风投机构的融资。毫无疑问，要做大规模才能持续提升性价比，要做大规模就需要资金支持。那么，它们获得资本青睐主要的原因是什么呢？关键是社群电商的运营能力。

社群电商的运营能力主要体现在流量、内容、用户这三个方面。

一是打造流量集中地。社群本质上都是人群的聚集，而人群聚集的地方，往往就是流量和注意力高度集中的地方；而电商产业的整个环节里，很多时候最缺的就是流量。社群是一个精准客户集中的流量池，你不用到处去打广告，只要到处去找群就可以了。明确你的客户是谁，他们会在哪里，你就到什么样的群去找他。有了流量，才会有进一步的活跃和交易。

二是内容 + 互动。无论是小红书、微博、知乎，还是朋友圈、今日头条、抖音甚至淘宝，他们都非常注重内容和互动，以增加用户的黏性和吸引力。事实上，以用户聚集和内容生产为主的社群，天然具有更好的吸引力和黏性，用户愿意为社群属性的产品付出更多的时间和注意力，如把时间花在抖音、微信公众号和朋友圈里等。

三是联结用户。社群强调的是价值观，社群成员往往是因为共同的目标和价值观聚集起来，天然就具有更强的连接属性。因此，社群+电商的社群电商，本质上用户的信任感和黏性会更强，如果再结合线下的社区，离用户会更近，更具有真实的信任感。

最后值得一提的是，作为社区电商，要顺应消费趋势，也是社群运营的一个方面。如今社会物质极其丰富，信息过载，消费者的选择非常多样化，也时常选择困难症化，消费者除了追求更好，也追求更能表达自我意识的个性化品牌。消费升级和消费分级是明显的趋势，而且是同时存在的趋势。现实中，有发展的社群都顺应了新的消费和年轻用户崛起的趋势，比如小红书、抖音、QQ 看点等，都在通过社群的构建，抢占越来越多的追求个性化的年轻用户。

4. 供应链整合能力：控制上游企业

通过社群销售产品很多时候不是营销的问题，而是供应链的问题。依赖规模和较低运营成本，完成对部分上游企业的控制，是社群电商的一个战略问题。这一点非常考验社群电商的供应链整合能力。

现实中有很多成功整合供应链的例子，如拼多多的“拼品牌”、苏宁拼购的“拼基地”、美菜的“直采产地”等，他们都凭借其高超的供应链整合能力实现了规模化发展。以其中的美菜为例，作为一个农产品移动电商平台，美菜网通过“两端一链一平台”的商业模式，全面打通了农产品“采、仓、配、销”的各个环节，缩短了农产品流通环节，降低了商户供应链成本，减少了供应链人力成本。在全流程管控方面，从采购、质检、称重、包装、配送到售后服务，实施有效的全流程质量管理。精细化管控菜品从田间到餐桌的每一处细节。在源头直采方面，搭建物流网络体系，提升供应链管理水平和效率。美菜网的例子说明，无论是产地采购定制，还是规模化的全国网络，以及城配多温物流，商流和信息流背后必须有一套强大的物流体系进行支撑，可见物流在供应链中的作用。

现实中，有的社群卖产品更多地考虑营销和传播，经常会忽视供应链，以至于后来功亏一篑。比如，有的社群就出现过因为不了解生产厂家不专业、品控不达标等问题，没有对作为上游企业的生产厂家进行有效控制，导致供应链出了问题，直接对用户体验造成很大的影响，反而造成了坏口碑。因此，对供应链要极度重视。

供应链能力体现在很多细节，而不是说有厂房，有生产线，有钱，能随便找个代办在产区收到产品或者找个代工厂的一款产品就叫供应链的！品控不严格，对产品的认知不到位，对产区的生产情况不熟知，对运输途中问题考虑不到位，对客户的服务不及时，对用户提出的要求不能及时解决，纵然做出再好的商业模式，面对再好的时代机遇，都是舍本而逐末，本末倒置而已！特别是供应链面临着数字化和技术化变革，需要生态化智能化运营，绝非单一的配送渠道，就能完成的，因此需要社群组织者搭建一套完善的由产到卖再到优化生产的流通供应链，只有这样，生态链上节省下来钱才能落袋为安。

总之，供应链是检验社群商业模式与团队能力的重要考量，社群要想实现盈利，必须依靠优秀的供应链整合能力。

第三节 社群电商运营的关键点

社群电商是以内容和社群为核心去衍生商业。社群电商是先有用户基于共同兴趣和沟通方式的聚集，在此基础上围绕社群成员共同的需求再去开发相应的商业模式。因此，社群运营主要是从用户、内容、产品匹配度等方面去考虑。

1. 用户参与并实现互动

要看一个社群是否还活着的标志是：这个社群是否还在产生足够多的活动或内容。社群生命力，就在于粉丝与粉丝间互动的频度和质量。

大 V 店是一家新兴的母婴电商，通过高度的用户参与并互动的经营方式，使其成为了社群电商成功案例中的佼佼者。大 V 店从开始成立那天就带有“用户参与并互动”的基因。它的前身是一个叫作“经典绘本”的公众号。一个叫作“哈爸”的亲子阅读推广人，在自己做了爸爸后，创办了公众号并分享自己的亲子阅读故事，也推荐绘本，汇聚了大批妈妈的关注，后来哈爸在公众号卖绘本，创造了日销 3.3 万的销售奇迹。很多妈妈跟哈爸说，可不可以参与分销，哈爸后来拿到投资以后，就成立了“大V店”。

大V店以让妈妈们轻松开店、无需进货和发货便可分销商品，卖出商品即获得佣金的模式运营。妈妈们也可以随时随地学习，认识更多优秀妈妈。大V店推出“凤凰妈妈”“孔雀妈妈”“蝴蝶妈妈”“蜜蜂妈妈”这样会员等级激励——凡是邀请超过50位好友加入，都可以晋升为“凤凰妈妈”，并能通过帮助培训自己直接邀请的妈妈获得培训津贴。

用户参与其中，并相互推荐和讨论，可以帮助用户大幅降低消费选择的成本。大V店的特点恰恰在于，用户因为妈妈们之间的沟通、合适的商品推荐、低廉的价格，以及优质的内容而相互吸引加入会员，在用户荣誉等级、利益乃至获得他人认同的驱动下，更多妈妈开始追求向上升级。

小米联合创始人黎万强在其所著的《参与感》一书中提出了“参与感三三法则”，即三个战略和三个战术。三个战略是“做爆品”的产品战略，“做粉丝”的用户战略，“做自媒体”的内容战略。三个战术是开放参与节点，设计交互方式，扩散口碑事件。“参与感三三法则”让无数互联网从业者对其加以模仿。用户参与并实现互动，可以增强用户参与感，满足用户被重视的心理。对于社群电商来说，运营者一定要注重用户参与和互动的关键点。

2. 种子用户是真正的价值贡献者

内容谁来产生？粉丝谁来引进？主要是由种子用户来做这些事情，他们是社群中真正的价值贡献者。社群电商需要种子用户将核心粉丝先拉进群里，因此，必须选择种子用户，关注种子用户的质量，通过这些种子用户做社群的裂变。

选择种子用户要有一定的标准，要尽量选择那些影响力大、活跃度高的用户。否则，引入再多的人也无助于增加目标用户的数量。种子用户必须满足三个条件：第一，他是产品的目标用户，痛点非常强烈；第二，是愿意去尝试新产品的人群；第三，愿意为产品提供使用报告或者反馈相关建议，同时介绍新的用户。

获得种子用户可以借助 IP 影响力，这种方法相对容易快速地建立首批种子用户。在获得种子用户的过程中，那些具备超强 IP 和有一定社会公信力的企业或者个人，可以凭借自己的影响力帮助社群获得更多的目标用户。“罗辑思维”罗胖、papi 酱等都是拥有超强个人 IP，能够持续输出优质内容，产生巨大影响力的人。

获得种子用户也可以借助群内意见领袖。在社群中发挥着关键作用的意见领袖非常有影响力，他们是群内的灵魂人物且极具权威，也是微信群中的“名人”。意见领袖可以将自己的好友或粉丝拉入群中，可以在自己的微信朋友圈中为微信群做宣传，还可以到与微信群内容相关的论坛等进行宣传。社群电商想要获得种子用户，这部分人的力量也不容忽视。

获得种子用户还可以采取线上线下方式。在线上获得种子用户需要首先将产品定位好，然后再定位产品用户群体。流量获取途径有喜马拉雅、西瓜视频、抖音、今日头条、知乎、悟空问答、同号微信群、QQ 群等。在线下获得种子用户可以从场景切入。这种方式需要我们对精准用户会出现在哪些场景进行锁定，然后再到线下去引流。例如，母婴用品的商店，通过线下场景引流，业绩大幅增长。母婴用品的目标用户会出现的场景是妇幼医院、幼儿园、游乐场所等。

需要注意的是，获取早期的种子用户要以精为主，道理很简单，因为这样的用户更有价值。另外，还需要明确的一点是，种子用户获取是单个用户获取劳动成本最高的一个阶段，有可能是你一对一，一个一个积累起来的。所以，用户积累一定是在你确定要做这个项目的时候就开始做的，这样你才能积累足够数量和质量的种子用户。

3. 输出优质内容，才能形成复购

输出优质内容的关键是围绕社群的定位，在对应领域持续输出高品质、专业化的内容，才能形成复购。在这方面，吴晓波频道是个经典的例子。

吴晓波频道最重视的是持续性、高品质、专业化的内容生产能力，以至于成为了模式清晰的内容变现社群。吴晓波频道围绕吴晓波这一核心意见领袖，以“泛财经、泛商业”话题构建“中产阶级生活场景”，从内容、社群、产品三个维度满足了个人的知识需求、社交需求和消费需求，是国内最大的财经知识社群。在这一泛财经知识社群中，吴晓波所兼有的媒体人、出版人、作家等多重身份提供了重要的信任背书，是社群成员聚集、交流、互动的基础，而吴晓波频道围绕泛商业内容制造的“逃离北上广”“购房一族”“自由职业者”等话题以中产阶级这一特殊受众为对象，勾画了这一群体的现实需求，这使“吴晓波＋财经话题”成为推动内容聚焦、发酵、传播的黄金公式。

由内容形成复购，内容是先导，至于复购，则是有了好内容之

后水到渠成的事情。事实上，所谓围绕社群定位的内容，准确的说法应该是“社群内容”。内容生产不在于数量，而在于质量，社群内容一定是要能提供高质量的有价值的内容，为此要注重以下三个方面。

一是有用的内容。无论社群的类型是什么，你的内容只要能够帮助到用户，或者节省了用户的时间就是有价值的。如兴趣、职业社群，内容就要独特且有干货，而且不能是网上随便就能搜到的。能帮助用户的内容是指一些实用的技巧、方法，或者能让用户有所收获的内容。如厨艺兴趣社群，一些营养学知识、厨艺技巧、生活小技能等，就是有价值的。节省用户时间的也很简单，比如像《英语四六级作文模板》《10个最好用的excel实用技巧》这样的内容，把有用的信息做一个整合，能让用户节省搜索和学习的时间，这就是价值。

二是符合社群调性的内容。内容除了要对用户有用，还要符合社群的调性。一个高端投资人社群，每天发一些职场技能显然不合适。不过可以结合用户需求，偶尔发一些相关领域的内容，可以给自己内容的范围设置一个比例，比如，跟社群高度相关的内容为80%，相关领域内容为20%。比如一个宝妈社群，就可以偶尔发一些服装搭配技巧的内容来调节一下。

三是有情感的内容。社群是情感的总成，关系的总和，要跟社群成员搞好关系，就要把社群成员当成自己的好朋友对待。时不时发一些节日问候，特殊的日子提供一些惊喜福利，及时帮助社群成员处理各种问题，把社群里发生的故事跟大家分享等。这些基于情感的内容，往往能够迅速拉近跟用户的距离。

4. 打造高匹配度的产品

产品形式有很多，免费的、付费的、有形的、虚拟的、线上的、线下的等，无论形式有多少，但都是根据用户延伸出来的，先要保证能够对标用户，否则不但没有转化，还会引起用户反感。只是一个总的原则。对于社群电商来说，产品要符合社群属性，并且匹配度高，这样的产品可以在推荐后实现精准变现。否则，辛苦建立的社群关系很可能会迅速崩塌。

打造高匹配度的产品，需要遵循以下三大原则。

一是产品符合群体属性，适合互动。这类产品特点就是可以多个人一起使用，也就容易形成互动，在一个社群里才有交流和沟通的话题。

这方面的一个例子是罗永浩做锤子手机。在工业时代，一个新东方前英语教师希望集结那么多资源做一款符合他心目中有工匠美感的手机，简直是天方夜谭。但在互联网时代，罗永浩的异端气质与工匠精神不仅让他脱颖而出，还集结了一个社群，锤子手机则是他与这个社群相连的一种媒介。这个社群不仅热议并力挺锤子手机，而且愿意为这款未曾谋面的锤子手机买单。

二是产品的延伸场景具有群聚性，即形成一个由产品聚合起来的“产品社群”。这类产品的使用者会自发地形成一个圈子，大家在社群里可以分享交流共同的爱好。

这方面比较出名的案例就是罗振宇的“罗辑思维”，作为一个产品社群，“罗辑思维”已经进行了成功的实践。“罗辑思维”围绕罗胖

（即罗振宇）为用户提供高品质的内容，同时又因为罗胖增加了更多的情感元素，成为了一个有情怀、有温度的优秀产品。“罗辑思维”秉承“死磕自己，愉悦他人”的理念，将有种、有趣、有料的段子融入话题内，成为你的书童，为你读书。同时产品背后还有罗振宇本身的魅力，在互联网媒体中走出一条不一样的路，可以说就已经是一个异端了。而正是靠着罗胖的个人魅力为“罗辑思维”吸引了众多的用户，并构建了一个趣味相投的社群。

三是产品能创造用户互动。这类产品在节假日推出的频率比较突出，在这样一个特殊的节点，大家乐于互动、分享使用中的乐趣。

唯品会在 2018 年 5 月 20 日为爱狂欢日悄悄上线了“520 你被约的概率有多高”小程序游戏。通过模拟恋爱对话互动测试约会几率。这款小游戏进入页面后，会弹出四个对话框，选择不同的“人”进行对话，不同的语义会得到不同的回复。最后根据对话过程，系统算出约会概率。该小程序游戏引发了用户踊跃参与互动。

总之，一个产品能不能适合在社群中传播推广，主要是看群里的人是否对它有共同爱好、兴趣，或是能够围绕产品，或是产品的延伸场景等制造交流话题。

参考文献

[1] 费孝通 . 乡土中国 [M]. 北京：北京时代华文书局，2018.

[2] 黎万强 . 参与感 [M]. 北京：中信出版社，2014.

[3] 菲利普 · 科特勒 . 市场营销管理——分析、规划、执行和控制（原书第9版）[M]. 梅汝和，等译 . 上海：上海人民出版社，1999.

[4] 亨利 · 明茨伯格 . 管理工作的本质 [M]. 方海萍，译 . 北京：中国人民大学出版社，2012.

[5] 杰克 · 特劳特，阿尔 · 里斯 . 定位：头脑争夺战 [M]. 王恩冕，译 . 北京：中国财经出版社，2002.

[6] 马歇尔 · 麦克卢汉 . 理解媒介：论人的延伸 [M]. 何道宽，译 . 北京：机械工业出版社，2016.

[7] 其他相关资料来自于 36 氪、红商网、梅花网、虎嗅网、百度等网站的最新资讯。